東京〜札幌 鉄タビ変遷記

青函連絡船から北海道新幹線へ

佐藤正樹
Sato Masaki

交通新聞社新書 089

東京〜札幌　鉄タビ変遷記——目次

第五章　北海道新幹線開業後の東京〜札幌間

はじめに

いよいよ平成28年（２０１６）３月、北海道にとって念願の新幹線がやって来ます。残念ながら私が在住している札幌まで到達するには、あと15年ほどかかりそうですが、新函館北斗までの開業により東京～札幌間は鉄路で７時間台になります。かつて上野～青森間だけでも電車特急で８時間台だったことを思うと、新幹線の威力をしみじみと感じます。

私にとって、北海道新幹線の開業は感慨ひとしおで、これを契機に、受験や帰省などで何回も行き来した東京～札幌間を振り返り〝鉄タビ変遷記〟としてまとめてみました。鉄道雑誌などでは、鉄道の北海道連絡に関する記事が何度も紹介されてきましたが、本書ではそれをリアルに感じていただくよう、第一章から第三章までは私の体験を基にしています。

その時代は、青森と函館を結んでいた青函連絡船が過去最高の輸送人員を記録した昭和48年（１９７３）から、東北新幹線が新青森まで到達する直前の平成22年までで、このおよそ40年間は、東北新幹線や津軽海峡線の開業、青函連絡船の廃止など、東京～札幌間にとって激動の時代だったと言えるでしょう。

また、第四章では、明治時代から現在まで、東京～札幌間を最速で結んだ列車を紹介しています。時間短縮の変遷を辿ることで、わずか120年あまりの間に驚くべき進化を遂げた鉄路の様子をおわかりいただけると思います。

最後に、第五章では、その進化の集大成とも言える北海道新幹線にちなんで、開業前の最新情報と今後の展望についてまとめました。

巻末には、交通新聞社刊『道内時刻表』に掲載されていた列車編成表のうち、第一・二章に関連した部分を転載しておりますので、本文と照らし合わせながら、青函連絡船が運航されていた時代の鉄路を感じとっていただけますと幸いです。

第一章　連絡船時代の鉄タビ（上京篇）

プロローグ――札幌〜東京間の鉄タビは〝内地〟への思慕から始まった

東京のかたが北海道に憧れるように、北海道人の私も東京に憧れていました。東京だけではありません。昔の北海道人が〝内地〟とよく言っていた本州全域、ひいてはその先の四国、九州にまで、その思慕はおよんでいました。

私が小学生で、札幌駅が地上駅だった時代のことです。南口の改札外コンコースは東西に乗車口と降車口が分かれていて、その間には指定券類以外を取り扱う出札口がありました。その上には、地図式の運賃表が掲出されていて、遠くは九州まで描かれていました。そこに「熊本」の2文字を見たとき、千単位の運賃に気の遠さを感じるとともに、一生のうちに本当に熊本というところへ行くことができるのだろうか? と疑っていたものです。

熊本行きはそれから10年後くらいに果たせましたが、足繁く駅に通い、運賃表を眺めていたのは、それだけ思慕が深まっていた証拠なのでしょう。使っていない改札口のラッチに身を沈め、窓越しから1番ホームに発着する函館行きの特急を眺めては「あれに乗れば内地へ行けるのだろうな……」と溜息をついていたものです。いま思えば、家出を決めた少年が下準備をしているように見えてもおかしくなかったでしょう。
鉄道ものの絵本も思慕を深めてくれました。そこに必ず出てくるのは、いわゆる「こだま型」と呼ばれる国鉄のボンネット特急や「ビスタカー」と呼ばれる近鉄の2階建て特急でした。どちらもぶどう色や青色の古ぼけた客車ばかりが目につく北海道では見られないもので、とくにビスタカーにはとてつもなく近未来を感じました。「これは内地へ行かなければ絶対に見ることができない、ぜひ内地へ行きたい！」北海道の一少年は、絵本片手に目を輝かせながら内地行きを誓っていたような気がします。そこが、私の東京～札幌間鉄タビの原点だったようです。

その鉄タビは、昭和48年（1973）から始まりました。小学校を卒業し、中学に入る春休みに、母が記念に東京へ連れて行ってくれたのです。現時点で、私の最新の鉄タビは、平成22年（2010）に上野から札幌まで「北斗星」に乗車したときなので、それまで足かけ40年近く、数えることもできないほど札幌と東京の間を往復してきました。その間、私は中学～高校～大学～社会人を経て現在のようなフリーに。いっぽう、国鉄は途方もない赤字を抱え込み、分割・民営化され、JRグループが発足。青函トンネルが開通し、東京～札幌間の鉄タビに欠かせなかった青函連絡船は廃止。やがて新幹線は八戸や新青森まで延びるという激動の時代が流れました。乗車した列車は消えたものばかりで、「北斗星」すら平成27年8月に消えてしまっています。

こうした流れを踏まえて、第一章から第三章までは非常に私的な旅行記のような体裁になっています。第一章は昭和48年から昭和55年までの上京の様子を、第二章は昭和55年から昭和60年までの帰省の様子を、第三章は津軽海峡線開業後の東京〜札幌間の鉄道旅行事情を、私の体験に基づきそれぞれまとめてみました。いずれも、新幹線が到達しようとしている北海道の現在と比べて、変化を感じてもらえるものが多々あるのではないかと思い、筆を進めました。

あいにく、デジタルカメラが普及する2000年代初頭まで、まったくといってよいほど私的な旅行で写真を撮っていなかったため、視覚に訴えるものに乏しいのが悔やまれます。せめて当時の切符などが残っていればよいのですが、それも度重なる転居などでほとんど滅失しています。その分、目一杯記憶を振り絞ってみました。日本の高度成長期から現在までの移り変わる東京〜札幌間の鉄路を、リアルに読み取っていただければ幸いです。

急行「ニセコ1号」～特急「ゆうづる4号」――昭和48年

――最初の東京行きは切符確保に悪戦苦闘

当時、私の行動範囲は、東は岩見沢、西は小樽、南は千歳程度でした。いわゆる現在の札幌圏が私の知る部分で、それ以外は完全に未知の世界でした。それが一気に開けたのが、この東京行きでした。サクラの開花はほど遠く、まだ白いものをちらほらと見かける3月下旬のことでした。

この旅は私の中学進学を記念したものだったようですが、長くて窮屈な鉄道旅行を嫌っていた母は、最初、飛行機で行くことを望んでいました。東京～札幌間の輸送シェアが96パーセント空路となった現在では当然の選択ですが、運賃の割引がほとんどなかったこの時代、国鉄の普通車ベースでは、鉄道運賃・料金と航空運賃は倍の開きがありました。すでに時刻表で頻繁に国鉄の運賃・料金を計算していた私は、その差をとくとくと説明して鉄道での移動を納得してもらえました。

しかし、それ以上の難敵は切符の確保でした。昭和48年（1973）といえば、青函連絡船の輸送人員がピークに達した年で、しかも3月は卒業・進学・転勤シーズンの真っ盛り。1年のなかで、盆暮れやゴールデンウィークに次ぐ繁忙期です。札幌～東京間の輸送シェアはまだ国鉄が高い時代だっただけに、指定券類を手に入れるのは困難を極めました。

母は寝台を希望していたものの、みどりの窓口のマルス端末に表示されたのはことごとく満席を示す〝赤ランプ〟。中学に入る前の春休み期間中とあって、札幌駅のみどりの窓口へ頻繁に通ったものの、無駄足でした。徹夜をすれば買えたようですが、国鉄が深夜に待合室を開放してくれない限り、屋外での待機は無理な季節でした。

落胆していた私の様子を母が見かねたのか、たまたま国鉄の駅に知り合いがいるという隣家に頼んで、ようやく切符を確保してもらえました。念願の旅行が実現することに小躍りしたことを現在でも鮮明に覚えています。

入手できた切符は、函館までの急行「ニセコ1号」の急行券・指定席券と、青森からの特急「ゆうづる4号」の特急券・B寝台券で、いずれも「D型」と呼ばれる横幅がある硬券でした。みどりの窓口で買うと縦型の軟券が発券されるはずですが、硬券ならば当然、普通の出札窓口ということになります。切符を見ると発行が江別駅になっていました。

当時、札幌圏にみどりの窓口がある駅は、札幌のほかに小樽と岩見沢しかなく、他の有人駅では出札窓口の駅員が鉄道電話で乗車券センターまで空席を照会し、手書きで発券していました。

ちなみに、現在、函館本線小樽～岩見沢間でマルス端末がない駅は、無人駅の朝里《あさり》、ほしみ、稲穂、豊幌《とよほろ》、上幌向。開業時は無人の臨時乗降場だった高砂にすらマルス端末が置かれています。まさに隔世の感です。

――やってきた急行は普通列車？

切符の確保から1週間後、ようやく記念すべき最初の東京行きがスタートしました。函館までは第一希望が特急だったものの、それは叶わず急行になりました。

ところが、入線してきたのは、青い車体の古ぼけた客車列車。母は、急行と言うと、赤色とクリーム色のいわゆる国鉄色の車体を想像していたようで、列車を見た途端に「これ、鈍行でしょ？　あたしたちが乗るのは急行だよ！」と言い出すではありませんか。でも、愛称板にはたしかに「急行」「ニセコ」の文字がありますし、〝サボ〟と呼ばれる行先表示板にも「函館行」と書かれています。母は納得しなかったようですが、しぶしぶ乗車したように記憶しています。

指定席といっても、座席自体は自由席と変わらない4人掛けのボックスシートであることにも母は驚き、「これが指定席なのかい……」とますます落胆。冗談まじりに「それなら隣がグリーン車だから乗り換えるかい？」と言ったものの、1400円余計にかかることを教えてあげると

■昭和48年の上京列車

札幌からの営業キロ					
	列車番号		104	4便	5014M
	種別		急行	青函	特急
	列車名		ニセコ1号		ゆうづる4号
0.0	札幌	発	**1010**	…	…
286.3	函館	着	**1610**	…	…
		発	└	1700	…
399.3	青森	着	…	2050	…
		発	…	└	**2115**
1149.6	上野	着	…	…	**650**

「まぁ、いいわ」と納得。当時、札幌〜函館間の運賃・急行料金・指定席料金の総額は１６２０円でしたから、さもありなんです。それから函館まで6時間の旅が始まりました。

「ニセコ1号」といえば、昭和46年まで小樽からＣ62形蒸気機関車が牽引しており、ＳＬファンを最も熱狂させた列車として知られていました。昭和47年3月のダイヤ改正で、上野〜青森間を日中に走る客車急行「十和田1号」が電車特急「みちのく」に格上げされてからは、この「ニセコ1号」とペアとなる下りの「ニセコ3号」が、日中に走る唯一の客車急行となっていただけに、ファン目線では非常に貴重な列車だったのです。

このときの「ニセコ1号」は、小樽まではＥＤ75形（またはＥＤ76形）電気機関車が、小樽からはＤＤ51形ディーゼル機関車を2両連結した、いわゆる「重連」で牽引していました。小樽までは普通列車で何度も通った道でしたが、同じ客車でも途中駅を快調に通過していく様はやはり急行。まだ蒸気機関車がくすぶっていた小樽築港駅を過ぎ、いよいよ小樽から先の未知の世界に入るのかと思うと、鼓動が高まっていきました。

旧型客車で運行されていた時代の急行「ニセコ」末期の姿

小樽を出て、稲穂峠を越える難所と眼下に広がるオタモイ海岸の風景は、現在も変わっていません。函館本線の客車列車が廃止されてからは、1～2両のキハ150形が唸るようなエンジン音を響かせながら、ものすごい加速で苦もなく越えていきますが、DD51形2両が牽引する「ニセコ1号」は連結面をガシャガシャ言わせながらぎこちなく越えていきました。次の停車駅である余市を過ぎると、雪が残る早春の田園風景が広がり、ようやく小樽の壁を越えたことを実感したものです。

社交的な母は、さっそく向かい合わせになった乗客と談笑。すぐに仲良くなると、おもむろに新聞紙を取り出し、どうぞどうぞと靴を脱ぐことを勧めました。靴を穿いたままと脱ぐのとでは疲労度が段違い。鉄道には〝素人〟でも、4人掛けのボックスシートに長時間座り続けるための工夫を母は知っていたようです。普通列車でも一方向きのクロスシートが普及した現在のJRの普通列車ではもう見られない光景かもしれません。

小樽を越えた興奮がようやく落ち着いてきたところで、列車内を探索し始めた私。といっても「北斗星」のように食堂車やロビーカーが連結されているわけではないので、見るとしたらやはりグリーン車です。

私たちが乗車したのは3号車で、2号車には「スロ62形」と言うグリーン車が連結されていました。幸い、怖い（?）専務車掌がいるのは反対側のデッキだったので、怖る怖る妻面の客室扉を開けると、リクライニングシートを深く倒して優雅に寝静まる乗客たちの姿が目に入りました。新聞紙を敷いて雑談を交わす、鈍行みたいな普通車とは大違いの静寂さに圧倒され、すぐに扉を閉めたのを覚えています。私が初めてグリーン車に乗ったのは中学に入ってからでしたが、このときは侵し難い領域に入ってしまったような罪悪感を抱いたものです。

倶知安《くっちゃん》を過ぎると、山間の平凡な風景が続くせいか、母も私も次第に口数が少なくなり、やがてうとうとするように。それから先は、ふたりとも目を覚ましてはうとうとの繰返しで函館に滑り込んだ気がします。実際には長万部《おしゃまんべ》からＤＤ51形が単機になり、左手には雄大な内浦湾や駒ヶ岳が広がるなど、見どころが多いので、最初の旅にしてはもったいないことをしたものです。

青森市で「青函連絡船メモリアルシップ八甲田丸」として保存されている「津軽丸」と同型の「八甲田丸」

——初の連絡船はグリーン船室

「ニセコ1号」の函館到着は16時10分。ここから接続する青函連絡船は17時出港の4便「津軽丸」でした。青函連絡船の輸送人員がピークになった年だけあって、函館桟橋はすでに芋を洗うような混雑ぶり。私はそのことを案じ、追加で連絡船の指定席グリーン券を確保してもらいました。「船グ」と書かれていたペラペラ紙の切符で、専門用語で「補充券」と呼ばれる形で発券されていました。

連絡船のグリーン船室、とくに指定席のほうは、連絡船がどんなに混雑していても人気がなかったようで、出航後しばらくしてから普通船室からあぶれた客でそこそこ席が埋まるといった状態でした。

乗船改札が始まると、あらかじめ「ニセコ1号」

で受け取っていた乗船名簿を渡し、乗船デッキへ。普通船室の乗客は阿鼻叫喚のごとく船楼甲板のデッキへ殺到していましたが、指定席グリーン券を持っている私たちは、そんなシーンを傍目に悠然と遊歩甲板（プロムナード）のデッキに上がり、船室へ。左手が指定席、右手が自由席で、指定席の船室に入ると、数人のクルーがうやうやしく挨拶し、座席へ案内してくれるではありませんか。まるでＶＩＰに接するかのような応対に、かえって緊張してしまいました。これがグリーン船室と普通船室の差なのか！「ニセコ1号」のグリーン車内以上の衝撃でした。

当時、青函連絡船のグリーン料金は４００円でした。指定席の場合は指定席料金が加算されて１００円増しとなるのですが、それでも５００円。運賃は５００円でしたから青函間だけ利用する人にとっては単純に倍額になる分、高嶺の花だったわけですが、札幌市内〜東京都区内間の運賃３７１０円と比較すると、割合的にはたいした出費ではありませんでした。むしろ、５００円の追加で座席を確保でき、3時間50分を楽に過ごせるのなら安いものでした。

青函連絡船グリーン船室の案内表記が「青函連絡船メモリアルシップ八甲田丸」に保存されている

青函連絡船の乗船は、基本的に接続列車の指定席券か連絡船の指定席券を持つ人が優先される旨が時刻表に書かれていたので、その条件に該当する私たちが乗船できないはずはなかったのですが、それでも乗船待ちの混雑ぶりを見ると、一抹の不安がありました。青函連絡船の末期を除けば、青森や函館に近づくたびに乗船のことが気にかかって仕方がありませんでした。

――時化《しけ》に見舞われ「洞爺丸」を思い出す

4便「津軽丸」の出航時刻が近づくと、「バ～ン、バンバンバンバンバン……」という銅鑼《どら》の音が聞こえてきました。青函連絡船の銅鑼は、昭和45年からテープ音に切り換えられましたが、生まれて初めての船旅だったこともあり、銅鑼の音は「ついに未知なる本州へ！」という気分をいやがうえにも高めてくれました。このときの高揚感と、ブルブルブル……というエンジン音を響かせながら、ゆっくりと函館桟橋を離れる「津軽丸」の様子は現在でも忘れられません。

グリーン船室のシートに身を沈めると、500円以上の価値があると納得しました。拙著『グリーン車の不思議』でも触れましたが、とにかくリクライニングシートの傾斜角度が深く、ほぼフラットに近い形になっていたからです。これには驚くばかりで、思わず身体がのけ反るような錯覚が起きました。あまりに感動したので、しばらくは倒したり起こしたりを繰り返していまし

「青函連絡船メモリアルシップ八甲田丸」に部分的に残されている青函連絡船グリーン船室の指定席

たが、それに飽きると、弁当を買う人や接続する列車の急行券を買う人でごった返す船楼甲板を通って船内グリルへ。青森で乗り換える特急「ゆうづる4号」にも食堂車が連結されていましたが、21時過ぎになるので夕食には遅すぎますから、時間的にチャンスなのは連絡船の船内でした。そこで注文したのが「いかづくし定食」（後に「いかさし定食」に改名）。ご飯の量より多い、食べきれないほどの透き通ったイカの刺身が出てきて、これには大満足。以来、この定食は何度も食べていますが、だんだん量が少なくなってきて、最後に食べたときには、ご飯よりイカが先になくなってしまうほどでしたが……。

食後に普通船室を覗いてみると、桟敷席はやはり寸分の動きもとれないほどの大混雑で、さすがにこれでは乗っていられないと思ったものです。平成26

年（２０１４）に亡くなられたレールウェイライター・種村直樹氏の『北海道気まぐれ列車』のなかには、青函連絡船の船室についてこのようなことが書かれています。

——いいか学生さん、俺について来い。まっすぐ奥の畳部屋へ行って、荷物を置いたら寝ころぶ。靴を持って上がるのを忘れるんじゃないぞ。横になって、皆が乗り終えるまで動いちゃいかん。いったん落ち着いたら、最初にぶん取った広さだけが自分のものになる。少しは押してくるが、割り込むような奴《やつ》はいない。船とは、そういうものなのだ。あとは寝ようが、ぶらつこうが勝手さ——

種村氏が初めて北海道を一周した昭和30年、青森桟橋の待合室でかつぎ屋風の男からこのような〝訓示〟を受けたのだとか。青函連絡船の情景をよく映し出している一文です。私が乗船したときは、このときより船体が近代化しスマートになっていましたが、種村氏が見た情景はかすかながら残っていたような気がします。桟敷席の混雑ぶりを見ると、むしろ特急の普通車と同じ構造の椅子席のほうが確実に自席を確保できる分、楽なような気がしたものですが、日本人には昔から船は桟敷席に限るという観念が染みついていたのでしょう。

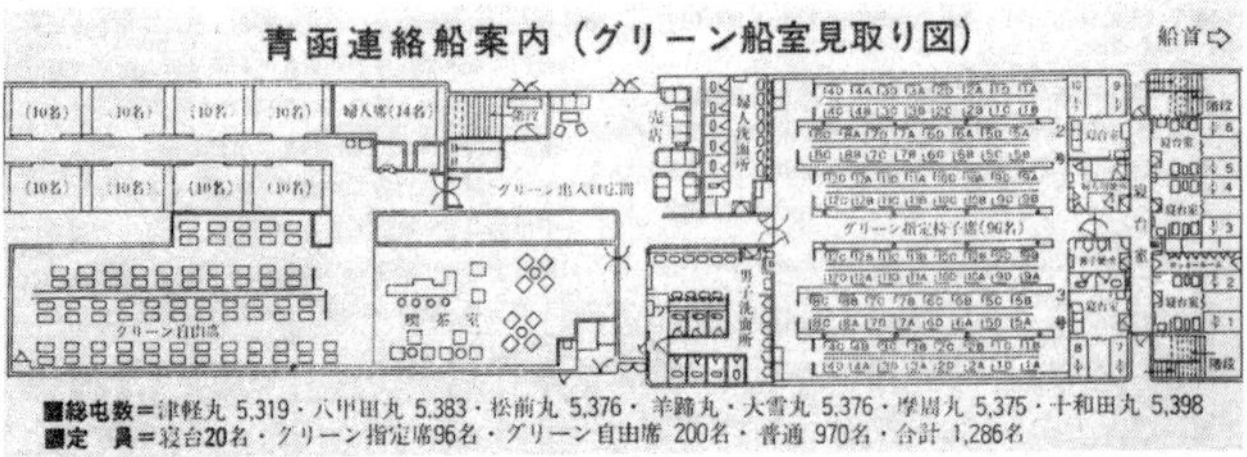

『道内時刻表』に掲載されていた青函連絡船グリーン船室の見取り図。「サロン海峡」と呼ばれる喫茶室は、昭和48年当時は設置されていなかった（『道内時刻表』昭和54年4月号より転載）

グリーン船室にも自由席に桟敷席がありましたが、こちらは普通船室との差がわかりませんでした。実際には定員が少ないのでひとりあたりのスペースを広く取れますし、カーペットも多少ふかふかしていて、枕も付いているという点が違っていたようです。ただ、首尾良く寝てしまえば、感覚的には普通船室の桟敷席と同じなので、やはりグリーン船室に乗るのなら椅子席の指定席というのが、後年、私のこだわりになりました。

「ニセコ1号」の車内では早春の穏やかな風景が続いていたにも拘わらず、青函連絡船では低気圧接近による時化に見舞われました。沖へ出ると立っていられないほど動揺し、船室入口にあるトイレには気分を悪くした乗客が駆け込む姿も。グリーン船室の窓にしばしば波浪が襲いかかったときは、慣れない船旅のせいもあって冷や汗が出ました。

青函連絡船4便といえば、昭和29年9月に発生した「洞爺丸事故」を思い出します。14時40分発の上り4便として函館桟橋で待機していた「洞爺丸」は、折からの台風15号の影響により運航を見合わせた末、所定よりおよそ4時間遅れて出港。位置こそ違いますが、私が乗船した4便とほぼ同じ時間帯に海上にいたのです。

以前、母と松前のサクラ見物に出かけた際、江差線の七重浜駅に差しかかったところで「昔、このあたりに『洞爺丸』と言う青函連絡船が沈んで、浜に幾重もの遺体が打ち上げられたんだよ」とまるで見てきたかのように言っていたことを思い出してしまったものです。当の母は時化をものともせずにいびきをかいていたのが皮肉でしたが……。海の恐怖をリアルに感じたのは連絡船が初めてでした。

——電車寝台をA寝台と勘違い

そんな時化を物ともせず、「津軽丸」は20時50分、定刻に青森桟橋に入港しました。青森で接続するのは21時10分発の特急「ゆうづる3号」、21時15分発の特急「ゆうづる4号」、21時35分発の季節急行「十和田4号」の3本です。

青森〜盛岡間が第三セクター化された現在、この区間に5分違いで2本の寝台特急が運行されていたことなど嘘のような話ですが、当時はこうでもしなければ、連絡船からの旅客を捌き切れなかったのです。いまの私なら20分程度の乗換え時間があれば、ホームを駆けめぐり写真を撮るところですが、あいにくカメラはなかったですし、札幌を出て12時間近く経過していたことあって、母も私も疲労困憊していました。まっすぐ「ゆうづる4号」の車内に吸い込まれたのは言うまでもありません。

「ゆうづる4号」は、昭和43年にデビューした「583系」と呼ばれる車両が使われていました。この車両は前年に新大阪〜博多・大分間にデビューした「581系」と呼ばれる車両の姉妹車で、昼は座席、夜は寝台になる、世界初の昼夜兼用寝台電車として鳴物入りで登場しました。

「ゆうづる4号」で初体験した電車寝台の車内。下段はA寝台と見紛うほどの広さを誇っていた

私も、鉄道写真家・広田尚敬氏の写真集でこの車両の存在を知っていましたが、車内の様子まではわかりませんでした。通常、B寝台と言うと、線路と直角に3段式の寝台が並ぶ構造をイメージしていましたが、583系は「プルマン式」といって、線路と並行にベッドが並ぶ構造が採用されていました。3段式なのはB寝台と変わりませんが、ベッドの

形はまさにA寝台そのものだったのです。

当時、そうした知識がなかった私は、A寝台に間違って乗ってしまったのではないかと勘違い。私たちが割り当てられた寝台は2段式になっていたからなおさらです。これは後になってパンタグラフの下に寝台を設置したためのカラクリであることがわかりましたが……。

鉄道に関する知識が皆無な母は、私が臆していることを気にすることなく、さっさと下段に収まってしまいました。本当は私が下段に入りたかったのですが、母は足腰に自信がないため、寝台の昇降を嫌がったのです。

私が入った上段は、A寝台の上段と同じく小窓があるだけ。それでも外の様子をまったくうかがえない3段式の上段よりはましです。

「ゆうづる3号」の後を追うように発車した「ゆうづる4号」は、急行「ニセコ1号」と比べて段違いの加速ぶりで上野を目指しました。夜行列車は有効時間帯に終着駅に着くことができればよいため、あえてゆっくり走ることが多いのですが、「ゆうづる4号」のスピードは昼間の特急とほとんど同じで、その動揺のせいか、寝台の金具がカタカタと音をたてていたのが気になりました。

「ゆうづる4号」では食堂車が23時まで営業していました。むろん行きたい衝動に駆られましたが、財布の紐を握っている母が早々に寝てしまったので断念。たとえお金を持っていても、子供がひとりで食堂車に入るわけにもいかず、私もさっさと床に。ときおり、上段ベッドの小窓から風景を眺めていましたが、架線がスパークする様子以外はなにもわからず、もう寝るしかありませんでした。

上野～青森間を走る寝台列車の食堂車は昭和50年3月改正で廃止されてしまったので、このとき無理にでも行っていれば貴重な体験になっていたものを……。

車両基地で待機する583系「ゆうづる」

翌朝は、水戸の少し手前で目が覚めた記憶があります。母が洗面所へ行っているわずかな間に下段から車窓を眺めることができました。石岡が近くなると、左手にタマゴのような奇妙な形をした流線型車両が視界に入ってきました。「あれは、戦前の東急東横線で活躍していたキハ1で、あとに鹿島参宮鉄道へ移ってきたやつだ！」

一瞬でしたが、これまで雑誌でしか見た

ことがなかった幻の車両が目の前に現れたので、軽い興奮を覚えました。

鹿島参宮鉄道は茨城県の石岡と鉾田《ほこた》を結んでいたローカル私鉄で、この当時は関東鉄道鉾田線を名乗っていました。同線はのちに鹿島鉄道に分離されましたが、残念ながら平成19年4月に廃止されています。

取手を過ぎると、常磐線の緩行線が並走を始めます。当時の北海道では複々線という概念がなかったので、すぐ横を行先が違う電車がすり抜けていくことなど考えられませんでした。しかも、大半の列車は相互乗入れをしている営団地下鉄（現・東京地下鉄）千代田線の「6000系」と言う電車ばかりで、国鉄車をほとんど見かけなかったのが不思議でした（実際には「103系1000番代」と言う電車が乗り入れていました）。

平日の朝だったので、眠そうな早朝通勤のサラリーマンの顔までリアルに見えたときには呆気に取られました。こちらは寝台、あちらはロングシート……異なる環境が同じ位置に並ぶことなど「ゆうづる」に乗る前まではまったく想像だにしていませんでした。

おまけに急に看板が多くなったことにも驚きました。上野に近づけば近づくほど看板は加速度的に増え、東京の人は頭が混乱しないのだろうかと不安に思ったものです。

こうして、前日に札幌を出発してから20時間40分後の6時50分、「ゆうづる4号」は上野駅19番ホームに到着しました。私にとってこのときが、かの有名な上野駅に降り立った最初でした。しかし、名物の西郷さんや上野動物園のパンダを見ることはなく、そのまま鎌倉・江ノ島観光のはとバスに乗車した記憶があります。いまから思うと、ものすごい強行軍でした。母も私もそれだけ若かったということなのでしょう。

特急「北海」〜急行「十和田51号」――昭和52年

――意外と使われていなかった？　特急グリーン車の頭もたれ

中学に入ると、友人同士の旅なら親もしばしば認めてくれるようになり、札幌〜函館間の旅行を何度もしています。函館行きが重なった理由は、やはり青函連絡船。これこそ、憧れの内地への橋渡し。津軽海峡を渡り青森に着けば、その先は、東京、長野、金沢、大阪、岡山、広島が待っている……。なにか無限の可能性を感じたものです。私の旅は青函連絡船が誘っていたと言ってもよいでしょう。

さすがに東京までのひとり旅は認めてくれなかったので「せめて青森までなら」と親を説得し

て青函連絡船に乗るところまではなんとかなりました。青森に着いてから、上野行きの特急「はつかり」の車内を覗き込むごとに、内地への思慕がますます深まっていったのは言うまでもありません。

■昭和52年の上京列車

札幌からの営業キロ	列車番号		12D	12便	8204
	種別		特急	青函	急行
	列車名		北海		十和田51号
0.0	札幌	発	1925	…	…
286.3	函館	着	2355	…	…
		発	└	015	…
399.3	青森	着	…	405	…
		発	…	└	509
1149.6	上野	着	…	…	1719

東京へのひとり旅が叶ったのは高校に入ってからでした。

高校2年になったばかりのゴールデンウィークを前にして、母が突然「東京へでも行ってきたら?」と言ってきたのです。そのときの母は相当よいことがあったのか、とにかく上機嫌で、気持ちが悪いくらいでした。たっぷりとお小遣いをもらい、札幌から乗り込んだのはなんと特急「北海」のグリーン車！　中学時代、函館発札幌行きの夜行急行「すずらん4号」で友人と乗り込んだ「スロ54形」が私にとって初のグリーン車体験でしたが、今回は特急なので、グレードの高さにわくわくしていました。

「北海」のグリーン車は「キロ80形」と言う車両で、車内に入ってみると、中学時代に乗った「スロ54形」という客車急行のグリーン車に比べて、かなり明るい雰囲気を感じました。それもそ

石狩湾の海岸線を行く特急「北海」。残念ながら、上りの「北海」では闇の中だ（『日本国有鉄道百年写真史』より転載）

のはず、スロ54形は昭和20年代後半、キロ80形は昭和30年代後半の生まれですから、10年ほどの開きがあります。それに特急型車両の内装にはベージュ調のデコラ板が使われていたので、一層、明るさが引き立っていました。

　リクライニングシートの仕様もスロ54形と異なっていて、頭もたれが上下にスライドする構造となっていました。拙著『グリーン車の不思議』でも触れましたが、これはキロ80形と内地で活躍していたキロ１８０形だけのもので、スロ54形はもちろん、昭和33年（１９５８）10月に登場した国鉄初の電車特急「こだま」にも採用されていませんでした。

　物珍しさもあって、その頭もたれを頻繁に上下させて遊んでみましたが、最初は硬くてなかなか動きません。どうも、あまり使われていなかったようで、知られてもいなかった感じがしました。この点、国鉄は宣伝下手だったのでしょうか？　その後も頭もたれのないスロ54形に乗る機会が何度かありましたが、なくても苦にはならなかったですし、キロ80形、キロ１８０形以外の

珍しいスライド式の頭もたれが付いたキロ80形のリクライニングシート。写真は北海道三笠市の三笠鉄道村に保存されているもの

国鉄形グリーン車に採用されなかったところを見ると、あってもなくてもよい代物だったのかもしれません。

現在、JRが運行している特急のグリーン車には「ヘッドレスト」と言う頭もたれを装備したものがありますが、こちらは枕が簡単に動くようになっており、キロ80形の頭もたれは、可動部分の硬さが嫌われていたのかもしれません。

特急「北海」は、通称〝山線〟と呼ばれる函館本線小樽、倶知安を経由する唯一の特急で、苫小牧や室蘭を通る、通称〝海線〟経由の「おおぞら3号」とともに青函連絡船の深夜便に接続していました。当時、青函連絡船の深夜便は、0時15分出航の12便、0時40分出航の2便が運航されており、「北海」は12

便、「おおぞら3号」は2便に接続していました。青森からの接続列車は両便とも同じだったので、「はつかり」や「白鳥」に自由席が連結されるようになると、どうしても青森に先着する12便に人気が集まっていたような気がします。

青森から乗車する「十和田51号」の指定席券を持っていたので、函館まで同じ特急に乗れるのなら「北海」でも「おおぞら3号」でもよかったのですが、「北海」を選んだのは唯一の山線特急であるという、鉄道好きならではの〝嗅覚〟が自然に働いたからかもしれません。「北海」は昭和61年11月、国鉄最後のダイヤ改正を機に廃止され、現在、札幌〜函館間の定期特急は海線経由だけになっています。

――深夜でも食事が提供された青函連絡船の食事情

残念ながら、このときに函館から乗船した青函連絡船の船名は忘れています。はっきり覚えているのは、最初に乗船したときの「津軽丸」のみ。この船は昭和39年、青函連絡船の近代化船置換えの第一陣として就航したもので、それにあやかり、以降に登場した新造船は「津軽丸型」と呼ばれました。そんな記念すべき船も、青函連絡船廃止の6年も前の昭和57年に終航し、北朝鮮へ売却されています。

青函連絡船　船内グリルのご案内

営業時間　船内グリルは出航より着岸40分前まで営業です。
弁当は乗船時より発売します。
(但し深夜便は船便により異なることがあります)

深夜便でも船内グリルでラーメンを販売しています。
12・11・1便―1時30分まで
2便―1時25分まで

(津軽丸，八甲田丸，松前丸，大雪丸，摩周丸，羊蹄丸，十和田丸，各船内グリル)

▶ 郷土の味自慢

海峡ラーメン（みそ）	450円
〃　（塩）	400円
いかづくし定食(みそ汁付)	700円
鮭三平汁定食	550円
いかフライ	600円
いかさし(一品)	450円

▶ 船内名物弁当

味噌汁(カップ入り)	100円
あらまき弁当	500円
鮭寿司	550円
うなぎ弁当	700円
海峡弁当	500円
お茶（カップ入り）	50円

▶ お献立

洋定食(朝)	600円
炸鶏定食（スープ付）	700円
カツ重（みそ汁付）	700円
チャーハン（スープ付）	450円
ポークステーキ	600円
カレーライス	400円
ライス	120円
フランスロール（バター付）	120円
ハムサラダ	450円
うな重（みそ汁付）	850円

▶ お飲みもの

コーラ	150円
ジュース	150円
シトロン	150円
トマトジュース	150円
コーヒー	230円
紅茶	230円
サントリーオールド（ミニボトル）	460円
ニッカG&G（ミニボトル）	460円
ビール(大)	330円
黒ビール	230円
一級酒	260円

(食券は自動販売機でお求め下さい)

◇ 青函連絡船 喫茶，娯楽室，シャワー使用のご案内

青函連絡船全便には喫茶，娯楽室が設備されています。
尚，グリーン自由席244名が200名に変更。

各船便にはシャワー（普通船室前部）が設備されています。
使用料1回200円（7分間）

▶メニュー
ソフトドリンク（コーヒ，ジュース，アイスクリーム）250～400円
ウイスキー国産700円，外国産600～1,200円　ビール（ドイツ産）560円
はこだてわいん1,000円　オードブル500～800円　その他

昭和50年代の『道内時刻表』に掲載されていた青函連絡船の案内。深夜便では弁当販売のほかに、船内グリルで海峡ラーメンも出されていた。船内名物弁当の「あらまき弁当」は、後に食材を変更して「紅じゃけ弁当」に改名されている（『道内時刻表』昭和54年4月号より転載）

特急「北海」には食堂車がありましたが、高校生がひとりで飲食店に入ることがまだ憚られる時代だったせいか、行っていません。人生初の特急グリーン車に舞い上がってしまい、食堂車のことが頭になかったのかもしれません。

おかげで「北海」の車内で夕食を取りはぐれ、ようやく口にできたのは、青函連絡船のロビーで購入した「あらまき弁当」。おかずらしいおかずと言えば焼いた新巻鮭だけというシンプルな弁当で、青函連絡船名物のひとつでした。弁当とみそ汁がセットで600円（昭和54年当時）でしたが、後年、東京在住の大学時代の友人と連絡船に乗ったときに勧めてみる

と「おかずらしいおかずが鮭だけでこの値段はないよ……」と愚痴を漏らしていました。私は深夜でも弁当を買えるだけでありがたいと思っていたのですが、言われてみると値段のわりにはあっさりしすぎなような気も……。

実は、青函連絡船では深夜便でも船内グリルを営業していました。弘済出版社（現・交通新聞社）刊『道内時刻表』昭和54年4月号によると、12・11・1便が1時30分まで、2便が1時25分まで営業とありました。ただしメニューは「海峡ラーメン」のみ。いかづくし定食を食べたかった私はパスしましたが、今にして思えば「海峡ラーメン」も捨て難いような……。

このときも座席はグリーン船室の指定席でした。「あらまき弁当」を食べるとさっさと眠りについたので、食事以外、船内での印象はほとんどありません。

——変化に乏しく退屈な臨時急行

青森からはゴールデンウィーク中に運行されていた臨時急行「十和田51号」の客となりました。本当はすぐに接続する特急「はつかり1号」か特急「みちのく」でもよかったのですが、「北海」でグリーン料金を奮発した分、青森からの足では少しでも節約しようと考えたのかもしれません。それに、上野では叔父が出迎えに来てくれることになっていましたが、勤務明けの17時以降にな

昭和50年代には東北方面へこのような12系臨時急行が数多く運行されていた。写真は東北本線の臨時急行

るということで、特急では到着が早すぎて時間をつぶすのに苦労します。東京ではスリや置引き、暴力沙汰が横行しているので、できるだけひとりでは行動しないようにと周囲からさんざん言われていたので、上野での時間つぶしに不安を感じていましたし（東京のかたからは、田舎者の戯言《ざれごと》と言われそうですが……）。「十和田51号」の上野着は17時19分だったので、その点では好都合だったのです。

さて、この「十和田51号」、ダイヤを見てピンと来る人は、相当な列車通です。なにを隠そう、昭和20年代から40年代にかけて東北を代表する客車急行だった「みちのく」のそれとほとんど同じだからです。東北本線の全線電化・複線化が達成された昭和43年10月のダイヤ改正では「十和田」に統合されたものの、列車の実態は変わらず、食堂車を連結した旧型客車が延々と日中の東北本線・常磐線を走っていたのでした。

昭和47年3月のダイヤ改正では、電車特急「みちのく」に格上げされたものの、急行時代のダイヤだけは残されていたようで、昭和50年代も臨時列車としてしばしば運行されていたのでした。もっとも私が乗車した「十和田51号」は旧型客車ではなく、「12系」と呼ばれる冷房付きの近代車両でした。座席の幅や間隔も広く、1ボックスを独り占めにできれば、窮屈な特急普通車の座席より楽に移動できました。

「十和田51号」の発車は5時9分。「はつかり1号」や「みちのく」が大半の連絡船客を吸い取っていったせいか、12両編成の車内は、私以外には乗っていないのではないかと錯覚するほどの閑古鳥ぶり。そのうち八戸や盛岡、仙台あたりからどんどんお客さんが乗ってくるのだろうと思っていましたが、大きな駅に着いても一向にその気配を感じません。「さすがに仙台ではそんなことはないだろう」と思ったものの、仙台を過ぎても1車両に2～3人というありさま。これではなんのために臨時列車を走らせているのかわかりません。

これだけ空いていると、不思議と退屈さが増してくるものです。盛岡を出ると建設中の東北新幹線の高架が左手に延々と続き食傷気味になりますが、仙台が近くなると風光明媚な松島海岸がそれを忘れさせてくれました。

しかし、仙台を出るともういけません。岩沼から先の常磐線は単線が多く、急行だというのに長時間の運転停車が断続的に続くではないですか。べつに急ぐ旅ではないですし、叔父が迎えに来てくれる時間にきちんと上野に着いてくれさえすればよいのですが、それにしてもこの退屈さは異常で、罰ゲームのような気がしてなりませんでした。

現在ならスマホやタブレット端末でフェイスブックなどに興じて暇つぶしができますが、当時は、携帯用音楽プレイヤーの「ウォークマン」すら世に出ていませんでした（「ウォークマン」の第一号が登場したのは昭和54年のこと）。現在の私は写真を撮っているので、仮に長時間列車に揺られても退屈という二文字は浮かんできませんが、そんな趣味もなかった当時は、退屈な時間に為す術もなかったのです。

それでもまだ松島海岸のような風景が続いたり、食堂車があったりすれば救いがあるのですが、常磐線の沿線は無味乾燥な田園地帯を走るだけできわめて変化に乏しいのです。時刻表の地図を見ると、海沿いを走っているようにも見えますが、実は海が見える箇所はほとんどありません。そんな状態なので、水戸に着く寸前になって気が狂いそうになりました。「十和田51号」を青森から上野まで乗り通す人がほとんどいないわけです。

さすがに水戸を過ぎると、数人のビジネス客とおぼしき人々が乗り込んできましたが、それでも1ボックスにひとり埋まるか埋まらないかという状態。そのまま上野駅に滑り込み、変化に乏しく退屈な旅が終わったのでした。青森からの12時間がこれだけ辛いとは……。この旅をきっかけに「常磐線は深夜に通過するに限る」と思ったものです。

急行「すずらん2号」～急行「津軽4号」——昭和54年

——受験旅行で急行グリーン車を初体験

大過なく過ごした高校時代が終わりに近づき、いよいよ大学受験の季節。札幌の高校生にとって、北海道内の大学へ進学するか、東京など他地域の大学へ進学するか悩むのが普通ですが、私はあっさり東京進学を希望しました。その動機はきわめて〝不謹慎〟なものでした。

東京に住めば、本州内はもちろん、四国や九州への鉄道旅行も容易ですし、鉄道雑誌でしか見たことがなかった大手私鉄も楽しめる。当時、北海道の鉄道で旅客営業を行なっていた私鉄（公営交通を除く）といえば、現在の石勝線清水沢と南大夕張を結んでいた三菱石炭鉱業（大夕張鉄道）だけでしたし、よく利用していた711系やキハ22形などの北海道型車両にも飽き飽きしていました。「もっと、いろいろな鉄道が見たい、知りたい！　それでは、北海道に住み続けていては駄目だ」と本気で思っていたのです。

東京進学はとくに反対されなかったのですが、問題は学力が伴なっていなかったこと。両親もそれは薄々感じていたようですが、当時は経済的に相当余裕があったせいか、1カ月ほどの在京を認めてくれました。しかも、体力を消耗しては大変だろうと、移動の列車はすべてグリーン車とA寝台！　いまから思えば、馬鹿な息子がとてつもない親不孝をしていたものです。

■昭和54年の上京列車

札幌からの営業キロ			1204D	8便	406
	列車番号		1204D	8便	406
	種別		急行	青函	急行
	列車名		すずらん2号		津軽4号
0.0	札幌	発	902	…	…
318.7	函館	着	1410	…	…
		発	└	1440	…
431.7	青森	着	…	1830	…
		発	…	└	2035
1188.3	上野	着	…	…	1006

そんなわけで、昭和54年（1979）の〝最初の受験〟のスタートは、函館行き急行「すずらん2号」のグリーン車となりました。2年前のゴールデンウィークに特急グリーン車には乗車していましたが、気動車急行のグリーン車はこれが初めて。「すずらん2号」に連結されていた「キロ26形」と言うグリーン車は、昭和36年に北海道の気動車急行用に登場した旧1等車で、この年の4月から札幌〜釧路間の急行「狩勝」で運用を開始。それから18年が経過した車体はさすがに疲労感を隠せなか

「すずらん」など北海道の気動車急行で使われていた車両。前から2両目がグリーン車のキロ26形。写真は小樽市総合博物館で保存されている車両

ったようですが、当時は急行グリーン車初体験に浮かれて、そんなところまで気が回っていませんでした。

気動車急行のグリーン車にはとても憧れていました。私にとって気動車急行は最も馴染みがある存在で、そのなかで燦然と輝く存在に見えたのがグリーン車だったからです。小学6年生だった昭和47年頃、なんとか安く気動車急行のグリーン車に乗り込もうと、旭川行きの急行「かむい10号」が普通列車となる小樽〜札幌間でグリーン車を利用しようとしましたが、車掌から急行用のグリーン料金を徴収すると〝脅かされ〟、泣く泣く断念（本当は車掌の完全な間違いです）。当時、この区間のグリーン料金は、特急・急行用が800円、普通列車用が150円と、とんでもない差でした。おそらく車掌は「小学生の分際でグリーン車を利用するなんぞ10年早いわい」

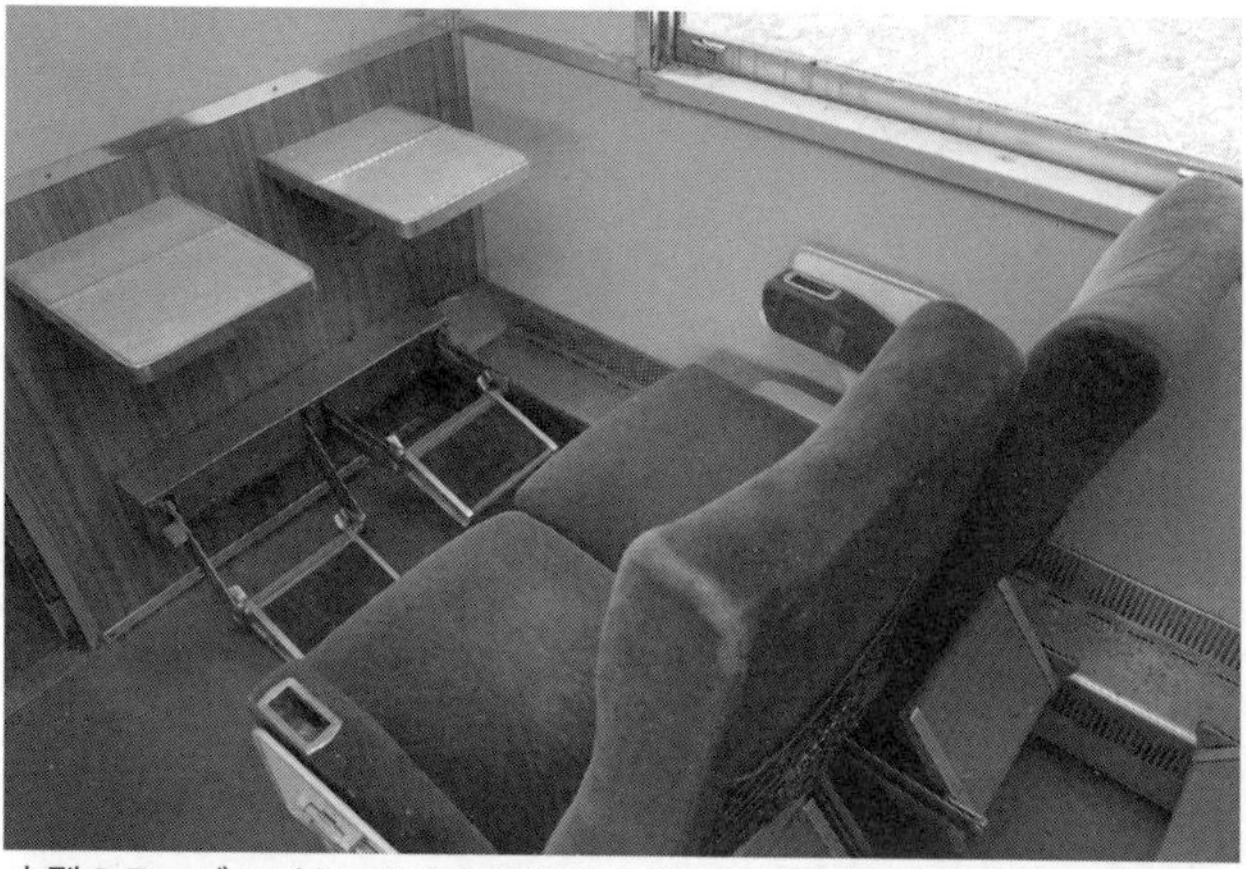

大型のテーブルがあったキロ26形の車端の席。写真は北海道三笠市の三笠鉄道村で保存されているキロ26形

と思って相手にしなかったのかもしれません。どんなに時刻表の営業案内を開いて説明しても聞き入れてくれそうもなく、そのときの屈辱が忘れられなかったのです。こちらの口の利き方の問題があったにせよ、感情的に営業規則を曲げたりしたら、現在では処分ものでしょう。そんなこともあって、受験を〝口実〟に乗車した急行グリーン車はリベンジとも言えるものでした。

「すずらん2号」では、車端の1番A席に座りました。ここは、客室扉脇で一番落ち着かない位置なのですが、妻面の壁に大型のテーブルが付いていたのがお気に入りだったのです。グリーン車なので、普通車のように頻繁に人が出入りすることもないですし、私には特等席のように思えました。

乗車した1月の終わりは、閑散期と呼ばれ、1年のなかでわりと暇な時期です。普通車はそこそこの乗客がいたようですが、グリーン車は私も含めて2~3人程度しか乗っていません。終点の函館までそれは変わらなかったのですが、途中の長万部からお婆さんがひとり乗ってきて、通路を挟んだ反対側の席に座りました。どう見てもグリーン券を持っているようには見えず、ほどなくしてやってきた車掌から普通車への〝移動命令〟が下りました。

そういえば、後年読んだ故・宮脇俊三著『時刻表昭和史』の「第1種急行1列車博多行」には次のようなことが書かれていました。

——横浜で大きな荷物を背負った老人が乗ってきて、空いているのに驚いたのか、不思議そうにあたりを見回してから私の近くの通路に荷物を置き、その上に腰を下ろした。一見して第1種急行の客ではないと思われたが、列車はすでに動き出していた。この列車は横浜から沼津まで停車しない。

すぐ車掌がやってきて老人に行先を訊《ただ》した。やはり藤沢までの切符しか持たずに間違えて乗ってしまったのであった。車掌は警官のような居丈高な口調で老人をたしなめ、第1種急行料金などを口にした。老人はオロオロしながら幾度も頭を下げるばかりだった。——

第1種急行は、かつて東海道本線で一世を風靡した特急「富士」などがその前身で、太平洋戦争中の昭和18年7月に急行料金の大幅な改訂が行なわれたのを機に、特急が第1種急行、急行が第2種急行に改称されたのでした。もちろん定員制で、民間レベルの長距離移動が厳しかったこの時代、切符を確保するだけでも大変な列車だったのです。

私が遭遇したお婆さんは、第1種急行の車掌ほど強い態度で追い出されたわけではなかったようですが、当時の国鉄職員は横柄な人が多く、お婆さんはオロオロ感を隠せなかったようです。当時のグリーン車には普通車との識別用にグリーンマークや淡緑色の帯が車体に入っているから、普通車でないのはわかるだろう……というのは鉄道に詳しい人間の言い分で、どんなに案内が強化されても、高齢者にとっては空いているかいないかという感覚でしか判断することができないこともあるのではないでしょうか。

最初は舞い上がった気動車急行グリーン車初体験も、乗客の少なさに肩すかしを食わされたようで、函館に着く頃には後ろ髪を引かれるような思いをすることはなかったようです。乗客が少ないのは季節のせいもありますが、やはり、昭和49年から51年にかけてのわずか2年間に、グリーン料金が4倍も値上げされた影響は大きかったようで、昭和52年には昭和50年当時の水準に値下げされたものの、時すでに遅しという感じでした。国鉄末期の破滅的な状況が、グリーン車にはよく表れていたのです。

――長くA寝台に乗るなら「津軽」に限る

「すずらん2号」に接続する青函連絡船は14時40分出航の8便。函館で接続を受ける優等列車は「すずらん2号」しかないのと、1月下旬の閑散期ということもあって、のんびりとした昼間の船旅を楽しめました。空いているので普通船室でもよかったのですが、やはり豪華受験旅行？を完遂するのにグリーン船室は欠かせません。グリーン料金の大幅値上げとともにサービスも削減されており、肘掛けのカバーや洗面所の石鹸が省略されていたのは残念でした。ただ、グリーン指定席のうやうやしい案内は相変わらずで、少しホッとしました。

8便の青森到着は18時30分。接続する上野行きは18時50分発の特急「ゆうづる2号」、18時54分発の「ゆうづる4号」。ともに客車列車で、B寝台車はまだ3段式でした。2段式のB寝台車は昭和49年に関西〜九州間の寝台特急へ投入され、昭和51年には東京発着の寝台特急にも登場していましたが、その分、お古の3段式寝台車が東北特急へ回されたのでした。とはいえ、同じ3段式で特急型寝台車の元祖だった「20系」はすでに「ゆうづる」にはなく、昭和48年にデビューした

「24系」が充当されていたので、古めかしさはまったく感じません。このなかには、後年、「北斗星」用に改造された車両も多数ありました。

昔から国鉄の新車投入は東京以西が優先で、東北はかなり遅れ、北海道は最後のほうという傾向がありました。北海道向けに専用設計された711系電車や781系電車は別として、兄のお古の服を着せられていた弟が、東北や北海道だったわけです。札幌に住んでいると、東京以西で脚光を浴びていた車両を、数年を経ないと体験できないという歯痒さがあったわけで、それも私の目を内地に向けるきっかけになっていたようです。

さて、ここで素直に「ゆうづる」に乗り換えたと思いきや、実は乗ったのは奥羽本線経由の急行「津軽4号」。この列車は青函連絡船からの接続を受けない列車で、いわば、対東北向けでした。「津軽4号」を選んだのは、年々減っていく客車急行に危機感を抱いたからではなく、「オロネ10形」と言うA寝台車に乗りたかったからです。この車両は北海道向けに耐寒耐雪装備が施された500番代が使われていたので馴染みがありましたし、札幌駅に停車している夜行急行「狩勝7号」でもよく見かけました。そんなわけで「いつかは乗ってやるぞ！」と思っていたのですが、「狩勝7号」は釧路着が6時台と早く、乗車時間も9時間程度と短い。「津軽4号」なら上野着は

オロネ10形を連結した急行「津軽」

10時6分なので、あわよくば寝台の解体シーンも見ることができるかもしれないですし、なにより12時間以上もA寝台の旅を楽しめるので、「狩勝7号」より断然お得。また、小まめに奥羽本線内の小駅に停車するので、そのたびにホームの風景をA寝台下段の大きな窓から寝たまま眺めることができる魅力もありました。

オロネ10形は、6年前、最初の東京行きに乗車した「ゆうづる4号」の電車寝台と同じ「プルマン式」と呼ばれる寝台でしたが、すべてが2段式で、スペースの余裕は比較になりません。ベッドの幅なら電車寝台の下段はオロネ10形のそれに負けていませんが、高さがないので、ベッドのなかで着替えることが難しいですし、窓から風景を眺めようにも、上段ベッドが凹んでいる窓越しぎりぎりに身を寄せないと無理でした。

残念ながら、翌朝の寝台解体シーンを見ることはできませんでした。あとになって知ったことですが、昭和50年代に入ってから、走行中の寝台の解体・セットを受け持っていた車掌補が合理化で廃止となっていましたから、無理もありません。

上野が近づくにつれ、A寝台の乱れたシーツに後ろ髪を引かれつつ、この先に待っている入試のことを考えると、途端に憂鬱になりました。

44列車～特急「はつかり8号」――昭和55年
――本来は荷物列車だった普通44列車

急行「津軽」は、出稼ぎ帰りの東北人御用達の列車として昔から知られており、これに乗って帰郷することができれば成功の証とまで言われたことから、俗に〝出世列車〟の異名をとっていました。そんな列車のA寝台車に乗った私は東北人ではありませんが、出世するがごとく受験に臨んだところ、10校受けて全滅！　最初から学力が伴っていないとわかっていたので、この結果はある程度は予測できていましたが、ヤマが当たる奇跡を信じていた節もありました。しかし世の中、そんなに甘くはありません。

■昭和55年の上京列車

札幌からの営業キロ	列車番号		44	26便	26M
	種別		普通	青函	特急
	列車名				はつかり8号
0.0	札幌	発	2119	…	…
286.3	函館	着	502	…	…
		発	└	710	…
399.3	青森	着	…	1100	…
		発	…	└	**1120**
1134.9	上野	着	…	…	**2009**

現役受験での惨敗に親も懲りたのか、「東京へ出るのなら、誰でも名前が知っている一流大学でなければダメだ！」と言いだし、人生初の猛勉強。これに失敗すれば、念願の首都圏鉄道ライフを送れません。やはり人間、〝モチベーション〟と呼ばれるおいしいアンパンが目の前にぶら下がっていないと頑張れないものです。その甲斐あって、一浪の末、東京の大学合格を手にすることができました。

最初は、私が単独で上京するつもりでしたが、私の大学合格に気をよくした母が入学式に参列することになりました。それなら親子が一緒に行けばよいのですが、母は頑強に「飛行機で行く」と言うのに対して、飛行機嫌いの私は鉄道での移動を譲りません。昭和48年（1973）、東京初旅行の帰路では、飛行機で帰りたいという母の主張を受け入れてしまいましたが、大学生になる寸前の私は、親の言うことを聞かない、かなり生意気な息子になっていたようで、話は平行線を辿りました。

結果的には別行動になり、母は入学式の前日に飛行機で移動。私はそのさらに前日に夜行列車で出発することになりました。母が搭乗する便は羽田に21時頃に到着するので、それに合わせて上野着を逆算すると、青森11時20分発の特急「はつかり8号」が好都合だとわかりました。となると、札幌発は23時15分発の急行「すずらん6号」か、21時19分発の普通44列車ということになります。青函連絡船は函館7時10分出航の26便。函館到着は「すずらん6号」が6時10分、44列車が5時2分で、函館では「すずらん6号」のほうが接続時間が短いのですが、私はあえて44列車を選びました。

44列車は普通列車なので、「すずらん6号」より空いているだろうというのが理由でした。どちらも「スハ45形」や「スハフ44形」と言う北海道向けの客車を使っていたので、居住性に変わりはありません。それなら急行料金を払うのはアホらしいという気持ちもありました。

ところが、その目論みはみごとに外れてしまいました。立席数が少ないオールボックスシートの44列車はあっと言う間に席が埋まり、私は辛うじて通路側の席を確保できました。

まだ4月初めとあって、車内は蒸し暑いほど暖房が効いています。それも手伝って、この混雑のまま函館まで行くのか……と思うと、相当気が滅入りました。飛行機で移動する母は、いまごろぐっすりと夢のなかだと思うと、夜行列車の旅は苦行以外の何物でもないな……といささか自虐的な気分に。

しかし、小樽に着くと半数以上の乗客が下車。余市を過ぎるとほぼ1ボックスに2人程度となりました。１ボックスを独占したかった私には物足りなかったですが、４人びっしりの状態よりはマシです。44列車は小樽以遠へ運転される最終列車だったので、ある程度の混雑は無理もありませんでした。

普通列車とはいえ、倶知安を出ると快速運転になり、大沼まではニセコ、目名《めな》、黒松内《くろまつない》、長万部、八雲《やくも》、落部《おとしべ》、森、尾白内《おしろない》、掛澗《かかりま》、渡島砂原《おしまさわら》、鹿部《しかべ》のみに停車。大沼〜函館間は再び各駅停車になります。これだけ長距離の快速運転を行なうのなら時刻表に「快速」の表記があってもおかしくありませんが、44列車は本来、青函連絡船に積み込む荷物を運ぶ〝荷物列車〟で、客車３両をおまけ程度に付けているだけだったので、快速表記は省略されたのです。この列車番号40番代の普通列車は、日中にも設定されており、札幌を13時16分に発車する函館行き42列車は、後に登場する普通列車乗り放題のとくとくきっぷ「青春18きっぷ」（当初は「青春18のびのびきっぷ」）でよく利用させていただいたものです。

山線に夜行列車が走っていたことなど、現在では信じられない話ですが、荷物列車としての使命を考えると、小樽や倶知安あたりでは欠かせない存在だったのでしょう。国鉄の荷物輸送は昭和61年11月のダイヤ改正を機に終焉を迎え、使命を失った44列車も廃止されています。

余市を過ぎると、客車列車ではお馴染みの「ハイケンスのセレナーデ」が流れ「車内放送は翌

44列車ではこのようなボックスシートでの旅となった。写真は小樽市総合博物館に保存されているスハ45形の車内。44列車にも使われていたと思われる

朝までお休みになります。乗り過ごしにご注意ください」というようなアナウンスの後に、途中の停車駅と到着時刻の案内が入りました。これを聞くと夜行列車のムードがいやがうえにも高まります。

夜行列車の車内放送は深夜帯にかかると省略されるケースがほとんどですが、列車によっては省略せずにかなり丁寧に行なうこともありました。以前、網走行きの臨時急行「大雪51号」に乗車した際、「まもなく砂川、砂川です。上砂川行き普通列車は翌朝6時ちょうどの連絡、歌志内行き普通列車は翌朝5時23分の連絡です。時間がございます、駅の待合室でお休みください」というようなアナウンスが駅に到着するたびに流れていました。実際、夜行列車を利用して、翌朝、支線の列車に乗り換える人は皆無だと思うのですが、国鉄時代はこのように実態

を無視した馬鹿丁寧な案内が行なわれていたこともあったのです。

44列車は函館着が「すずらん6号」より1時間早いので、その分、青函連絡船に早く乗船できるのかなと思っていましたが、実際は「すずらん6号」の到着を待って乗船開始。44列車は優等列車ではないので乗船名簿は配布されず、函館桟橋の案内所でもらうことに。その際、切符の提示を求められたような気がします。青森からの指定券類を持っていれば、混雑していても乗船させないわけにはいかないですから、そのためのチェックでもあったのでしょう。

連絡船に乗船すれば、船内グリルで朝食をとることもできましたが、準備時間などで実際に食事にありつけるのは8時くらい。それまで空腹に耐えられるのかは怪しいので、6時過ぎに開く桟橋待合所のそば屋でいか天そばを食べています。函館駅のいか天そばは、値段のわりにはかなりの極上で、乗船までに時間があれば必ず寄っていましたし、連絡船に乗らなくても、函館駅コンコースの飲食ブースでも食べることができたので、函館旅行にも欠かせないものでした。以来、私の連絡船乗船前の儀式はいか天そばを食べることに決まりました。

――夢だった485系の特急

青森から特急「はつかり8号」を選んだのは、母の到着時刻に合わせたことは確かですが、もうひとつ理由がありました。それはこの列車が「485系」という特急型電車を使っていたことです。

「はつかり」というと、これまで583系のイメージが強かったのですが、当時の特急型電車のスタンダードといえばやはり485系。これを知らずして特急型電車を語れないというほどの存在でした。

485系は、昭和50年7月に札幌～旭川間の電車特急「いしかり」に「1500番代」と呼ばれる車両が投入されていたので、すでに体験済みでしたが、乗車時間は1時間43分と短いうえに、食堂車やグリーン車が連結されているわけではなかったので、電車特急と言うには微妙な存在でした。

それに、北海道の485系は、度重なる冬期のアクシデントですっかり悪者扱いとなり、昭和54年には「781系」という、北海道の酷寒に耐えられる専用設計の特急型電車が登場し、485系1500番代は本州へ転出していきました。その先が「はつかり」を受け持っていた青森運転所でした。それだけに、「はつかり8号」であわよくば北海道で馴染みのあった1500番代に再会できるのでは？　という目論みもありました。残念ながら乗り合わせた記憶はありませんが、58ページの写真にはハッキリと1500番代とわかるものが写っています。

583系とともに昭和48年から「はつかり」の運用に入っていた485系。一番手前に見える先頭車は485系1500番代

当時、「はつかり8号」の上野までの所要時間は8時間49分でした。現在、鉄道による東京～札幌間の最速時間は9時間台ですが、北海道新幹線新青森～新函館北斗間が開業すれば7時間台となり、「はつかり8号」の所要時間を破ります。40年近い歳月をひしひしと感じる出来事となるでしょう。

巷では、同じ列車に乗り続けるのは4時間が限界と言われており、北海道新幹線開通後の東京～新函館北斗間は最速列車でも4時間2分となりますが、「はつかり8号」を乗り通した身からしてみれば、8時間は無茶としても、4時間を少し越えるくらいならどうということはないというのが、私の感覚です。

この東京行きでは、青函連絡船のグリーン船室以外は指定券を買わずに、すべて自由席を利用しました。引っ越しのドタバタでみどりの窓口に並ぶ時間が惜しかったことと、昭和53年10月のダイヤ改正で、これまで全車指定席だった「はつかり」にも自由席が連結されるようになったこともありました。中学生のとき、青函連絡船で青森に渡っては、日中に発車する「はつかり」をよく見ていたせいか、お昼少し前に発車する「はつかり」は青森からなら空いていると目星をつけていたのです。

案の定、青森発車時点で自由席でも乗客は数えるほどで、初めて本格的に485系の特急に乗車したのにしては少し張り合いに欠けていたようです。しかし、仙台を出た途端、「はつかり8号」は突如混み出し、郡山を発車する頃の自由席はデッキまで立客が出るほどの大混雑に。仙台～上野間は特急「ひばり」も運行されていて、「はつかり8号」が仙台を出た5分後に「ひばり24号」が続行していました。当時の東北本線仙台～上野間は国鉄の幹線のなかでもドル箱のひとつでしたから、続行運転しても客を捌きされなかったのでしょう。かつての東海道本線のように、輸送力が逼迫し、新幹線が必要になった事情がわかるような気がしました。

おなかが空く夕方には食堂車へ行こうと思っていたのに、立客が出るようでは移動しにくいですし、自由席では手荷物を盗まれる心配もあります。おまけに食堂車は自由席から一番遠い……こんなことなら食堂車に近い指定席にしておけばよかったと後悔しても後の祭りでした。

仙台を出た後の車窓は、建設中の東北新幹線の高架線が延々と続き、福島が近くなってきたところで夕闇に包まれました。2年後に新幹線が開業すれば、今度はこの高架線から在来線を見下ろしながら走ることになるのかな？　と思いながら（実際には防音壁があるので見えにくいです）、上野までひたすら窮屈で息苦しい車内に耐えていたことを覚えています。

Column

北海道連絡のユニーク列車（北海道内・津軽海峡線篇）

昭和40年代以降の北海道連絡列車は、増発に次ぐ増発が重ねられ、なかには現在では考えられないユニークな列車がいくつか存在していました。ここでは、北海道側と津軽海峡線内で見られた列車を取り上げてみたいと思います。

■特急「北海51号」（函館～札幌）――特急型気動車の夜行列車

特急「北海」は函館～旭川間を倶知安、小樽経由で結ぶ列車として、昭和42年（1967）3月に登場しました。国鉄最後のダイヤ改正となった昭和61年11月改正で姿を消していますが、昭

夜行運転されていたこともあった特急「北海」のイメージ。写真は現在の小樽市総合博物館に保存されているキハ82形

和40年代半ばには、その臨時列車「北海51号」が運行されていたことがありました。

使用された車両は、定期の「北海」と同じ「キハ80系」と呼ばれる特急型気動車でしたが、ユニークだったのは、気動車特急としては非常に珍しかった夜行列車であった点です。

昭和47年夏頃の『道内時刻表』を見ると、ダイヤは下り8027Dが函館23時55分発、札幌5時15分着、上り8028Dが札幌23時20分発、函館5時10分着で、途中、倶知安と小樽でしか客扱いを行なっていません。8027Dの場合、特急「はつかり2号」または季節急行「十和田51号」と連絡する青函連絡船27便の接続を受けていました。

この当時、函館から札幌方面への夜行列車は、ほかに札幌行きの急行「すずらん6号」や特急「北斗51号」、岩見沢行きの普通43列車もありました。北海道を走る夜行列車が全廃されそうになっている昨今、函館~札幌間だけで最盛期に4本もの夜行列車があったのは驚きで、当時、いかに夏場の輸送力が逼迫していたのかがわかります。

■普通9137列車（函館→札幌）——グリーン車付きの夜行普通列車

昭和40年代に運行されていた特急「北海51号」とほぼ同じ時間帯を走る列車ですが、こちらは客車の普通列車で、しかもグリーン車まで連結されていました。臨時とはいえ、昭和50年代の北海道でグリーン車を連結した単独の普通客車列車は非常に珍しく、この列車以外で北海道のグリーン車付き普通列車は、急行から普通列車に変わるケースでしか見られませんでした。

昭和50年3月の全国版時刻表を見ると、ダイヤは函館21時16分発、札幌5時18分着。客扱い駅も「北海51号」と同じく倶知安と小樽のみだったので、実質的には快速と言ってもよい列車でした。

不思議なことに、この列車のペアとなる上り列車は「ニセコ51号」という急行でした。なぜ下りだけが普通列車扱いだったのかは謎ですが、所要時間を見ると9137列車が8時間2分、「ニセコ51号」が5時間45分だったので、2時間17分の差を考慮したせいなのかもしれません。

ちなみに「北海51号」には過去に1度乗車したことがありますが、車内は空気を運ぶようなありさまで、お世辞にも利用率が高い列車とは言えなかったようです。昭和50年当時の函館〜札幌間の特急料金は1000円でしたが、夜行列車は朝のちょうどよい時間帯に到着できればスピードは問われないので、特急でなくてもよかったのです。300円で函館から札幌までグリーン車に乗車できる9137列車は、国鉄の隠れたサービスアップだったのかもしれません。

■急行「すずらん3号」（函館→札幌）——〝変則2階建て〟の札幌行き最終列車

北海道連絡の一翼を担う函館〜札幌間の優等列車には、青函連絡船とは直接接続しない不便な列車も存在していました。それがこの「すずらん3号」です。

昭和53年10月改正時の全国版時刻表を見ると、ダイヤは函館17時25分発、札幌22時11分着。この列車を逃すと、後は夜行急行「すずらん5号」か滝川行きの夜行普通43列車しかないため、「すずらん3号」は札幌方面に日着する最終列車でもあったのです。

そんな重要な列車であるにも拘わらず、青函連絡船との接続は悪く、直近の便は15時55分着の21便。この便は札幌行きの特急「北斗5号」に接続するので、1時間30分も待ってまで「すずらん3号」を利用した人はほとんどいなかったでしょう。そんな理由から、私もこの列車だけは無縁でした。

ところが、そのような列車に限ってマニアから見ると非常に興味深い存在なのです。なぜなら、「すずらん3号」は函館→長万部間で瀬棚行きの急行「せたな」を、東室蘭→札幌間で急行「ちとせ21号」をそれぞれ併結していたからです。このような列車は俗に〝多層建て列車〟と言い、2本の列車を併結するものは〝2階建て列車〟と言われていました。「すずらん3号」の場合、区間を分けて2回も愛称名の異なる列車を併結していたので、〝変則2階建て〟とも言うべき存在でした。

それ以外でも、「すずらん3号」には興味深いことがありました。

この列車にはグリーン車が連結されていましたが、東室蘭から併結する「ちとせ21号」にも連結されていたので、東室蘭→札幌間では、当時の北海道の優等列車では珍しいグリーン車を2両連結する列車となっていたのです。

『道内時刻表』昭和54年4月号に掲載されていた「すずらん3号」の編成。7〜10号車の「ちとせ21号」を併結した際は、指定席のグリーン車と自由席のグリーン車が連結される珍しい形となっていた

しかも、「すずらん3号」のグリーン車は指定席、「ちとせ21号」のグリーン車は自由席。国鉄に等級制が採用されていた昭和44年5月以前は、グリーン車の前身である1等車に指定席と自由席が別々に連結されていたことは珍しくなかったのですが、昭和45年以降は、長距離優等列車のグリーン車が原則、指定席のみとなったので、この併結は、非常に稀なケースだったのです。

さらにおもしろかったのは、「すずらん3号」と「ちとせ21号」でグリーン車の形式が異なる場合があったことです。

北海道の気動車急行では、厳しい冬を考慮して、窓が二重の一段式となった「キロ26形」と呼ばれる車両が使われていましたが、「ちとせ21号」には、当時、北海道に2両しか在籍していなかった「キロ28形」と呼ばれる本州型のグリーン車が連結されることがあったのです。

キロ28形の窓は連窓タイプで、二重にはなっていなかったので、さすがに冬期は「ちとせ21号」にもキロ26形が連結されていましたが、ひとつの編成に北海道型と本州型のグリーン車が混在していた例は、後にも先にもこの併結列車だけでしょう。

いろいろな意味で、相当マニアックな列車だったようで、無理をしてでも乗っておけばよかったと後悔しています。

■急行「せいかんナイト81・82号」（青森〜函館）――青函間のみの臨時急行

本州と北海道を鉄路で結ぶ津軽海峡線が開業した昭和63年3月のダイヤ改正では、寝台特急「北斗星」や急行「はまなす」、快速「海峡」といった、青函間を通過する列車が数多く設定され、これまでの青函連絡船は改正の翌日に廃止となりました。

青函連絡船といえば、かつては青森と函館を0時台に出航する深夜便が有名で、東京〜札幌間の鉄路を最速で結ぶ連絡の一翼を担っていたこともありました。

63・3改正では、深夜便の役割を青森〜札幌間の急行「はまなす」が担うようになりましたが、昭和63年度の津軽海峡線の輸送人員は、青函トンネルの開業効果もあって、青函連絡船が現役だった前年度よりおよそ100万人も多くなっただけに、「はまなす」も旅客増が続いていました。そこで、昭和63年度の年末年始から設定されたのが青森〜函館間の臨時急行「せいかんナイト81・82号」（以下、「せいかんナイト」）でした。

ダイヤは、下り9119Mが青森23時01分発、函館1時28分着、上り9110Mが函館2時45分発、青森5時04分着。下りは「はまなす」を追うダイヤ、上りは「はまなす」に先行するダイヤで、函館では「はまなす」と接続していました。

「せいかんナイト」は電車で運行されていましたが、津軽海峡線を通過するには「ATC－L」という青函トンネル対応の自動列車制御装置付きの電車が必要でした。当時、その電車といえば、特急「はつかり」に使用されていた青森運転所の485系しかなかったため、「せいかんナイト」は急行でありながら、特急型電車が使われることになったのです。

この列車は函館で「はまなす」と連絡していたとはいえ、乗り継ぐと急行料金が二重にかかるため、函館以遠を目指す人は最初から「はまなす」を利用していたことでしょう。そのため「せいかんナイト」は、「はまなす」の補完を兼ねつつも、函館折返しで青函トンネルの旅を楽しむ人向けに設定された列車だったようです。

津軽海峡線の輸送人員は平成2年（1990）頃までは右肩上がりでしたが、平成3年度以降は下降線を辿るようになり、「せいかんナイト」もこの年度で運行を終了しています。

第二章　国鉄末期の鉄タビ（帰省篇）

急行「十和田3号」～急行「ニセコ3号」——昭和55年

——伝説の20系をA寝台で初体験

大学入学を果たしてからまもなく、私は極度なホームシックにかかってしまいました。あれだけ憧れていた東京暮らしだというのに、住むところから食べるものまで、札幌とはなにもかも違うことに戸惑いっ放しだったのです。そんなわけで、夏休みまでは帰らないつもりでしたが、ゴールデンウィークには間髪を入れずに帰省しました。残念ながらこの初帰省でどの列車を利用したのか、さっぱり記憶にありません。

札幌から戻ると、大学で入っていた鉄道研究会（鉄研）の同期と、何回か信州の鉄道を乗り歩いたりしているうちに気が紛れるようになり、夏になると、ようやく東京暮らしに慣れました。

ところがここで敢然と立ちはだかったのが猛暑。夏が短い札幌ではクーラーを設置する習慣がほとんどなかったせいか、住んでいた下宿にクーラーがなくても最初は気にしていませんでした。ところが、東京の夏は想像を越えていました。当時、通学で利用する山手線にはクーラーがありましたが、大学の教室にはありませんでしたから、授業中は居ても立ってもいられません。そして下宿に帰ると辛い熱帯夜が待ち受けている……札幌の実家にあわててクーラー購入を無心したのは言うまでもありませんでした。

夏休みが始まったこの年の7月下旬、私は上野駅19番ホームに立っていました。大学の夏休みは長く、9月中旬まで続きます。友人たちはアルバイトに精を出して、休み後半は長期の旅行へ行くことが多く、私も札幌近郊の海水浴場でアルバイトをする予定にしていました。この帰省では、たまたま親戚からお小遣いをたくさんいただいたため、現役時の受験旅行に勝るとも劣らない大名旅行をすることに。

上野から乗車する急行「十和田3号」のA寝台券を鉄研の友人たちに見せると、誰もが羨ましがり、「俺だってロネ（A寝台）になんぞ乗ったことねぇぞ、この野郎！」と先輩からも嫉妬される始末。列車もさることながら、涼しい北海道で過ごすこと自体を羨んでいたのかもしれませんが……。私も住み慣れた場所へ帰るだけなのにウキウキした気分。東京での暮らしが染みつき始めていた証拠なのでしょう。

「十和田3号」は、「20系」と呼ばれる寝台客車が使われていま

■昭和55年の帰省列車

上野からの営業キロ	列車番号		203	7便	103
	種別		急行	青函	急行
	列車名		十和田3号		ニセコ3号
0.0	上野	発	**2050**	…	…
750.3	青森	着	**907**	…	…
		発	└	950	…
863.3	函館	着	…	1340	…
		発	…	└	**1429**
1149.6	札幌	着	…	…	**1956**

20系で運行されていた頃の急行「十和田」の行先表示

した。この車両は、昭和33年（1958）10月にデビューした国鉄初の特急型寝台客車で、俗に「ブルートレイン」と呼ばれるようになった元祖的車両でした。鉄道好きなら誰もが知っている車両でしたが、北海道に住んでいては絶対に乗れないものなので、私にとってはこれまで鉄道雑誌でしか知り得なかった伝説の存在だったのです。

残念ながら、20系は昭和53年2月に東海道・山陽本線筋の定期寝台特急からすべて撤退しており、なぜかその一部は北海道新得町でSLホテルになりました。

その後は活躍の主舞台を急行に移しており、私が「十和田3号」に乗車した当時、20系が使われていた急行は、ほかに上野〜秋田間の「天の川」（上越線・羽越本線経由）、上野〜仙台間の「新星」、東京〜大阪間の「銀河」、大阪〜長野間の「ちくま5・4号」、大阪〜大社・出雲市間の「だいせん5・8号」、門司港〜西鹿児島（現・鹿児島中央）間の「かいもん5・6号」（鹿児島本線経由）、門司港～西鹿児島間の「日南9・10号」（日豊本線経由）となっていました。

このうち、「だいせん5号」の出雲市→大社間と「日南9・10号」の宮崎～西鹿児島間は普通列車として運行されていたので、20系の鈍行列車も見ることができたのです。

一方、特急では上野～青森間を奥羽本線経由で運行していた「あけぼの1～4号」のみに残っていましたが、昭和55年10月のダイヤ改正では24系客車に置き換えられ、臨時列車を除いて20系の特急運用がすべて消滅しています。「あけぼの4号」にはこの帰省の復路で乗車しており、1回の旅行で往路はA寝台、復路はB寝台上段と20系の乗り比べを楽しめました。

乗車した20系のB寝台は「ナハネ20形」と呼ばれる車両で、屋根が丸いぶん、上段でも高さに余裕がありました。それに、北海道で走っていた「スハネ16形」と言う急行用のB寝台のように、冷房が天井から出っ張っていないぶん、圧迫感がないのも感心しました。以前、母がスハネ16形の上段に乗った際、冷房の風で軽い膀胱炎になったことがあり、もうB寝台の上段はこりごりだと言っていたのを覚えています。

東海道・山陽本線の表舞台を走っていた20系の全盛時代には出会えませんでしたが、その片鱗を感じさせてくれる「十和田3号」の、しかもA寝台に乗車できたことは、いまにして思えば非常にラッキーでした。夏休みの繁忙期に容易に寝台券を入手できたのは、国鉄運賃・料金の相次ぐ値上げで、鉄路より安くなった空路へ客が流れ始めたからです。東京〜札幌間の鉄路対空路のシェア逆転はこの頃から決定的となり、国鉄は白旗をあげるように、昭和55年10月には千歳空港駅（現・南千歳駅）と言う空港連絡駅を千歳線に設置したくらいでした。

A寝台に乗るのは「津軽4号」以来で、まだ記憶に新しいぶん、勝手知ったる我が家？ 的な気持ちがあったのか、20系であること以外の感動は薄かったような気がします。むしろ気になっていたのが3両連結されていた「ナハ21形」と言う自由席でした。

これは「十和田3号」のA寝台だった「ナロネ21形」の昼間状態を固定化した座席車で、座席の幅や間隔はA寝台時代とまったく同じなので、窮屈な急行自由席のイメージとはかけ離れた車両でした。そのぶん、定員は通常の自由席より減ってしまいましたが、空路への旅客移転がさらに激しくなったこともあり、それでもなんとか客を捌けたのでしょう。

もっともこれは東北・常磐線の列車に限ったことだったようで、昭和57年11月のダイヤ改正で「十和田3号」の20系が奥羽本線経由の急行「津軽」へコンバートされると、自由席の積残しが慢性的に起こるようになりました。「津軽」のテリトリーである山形・秋田県内は、現在のように夜行高速バスが発達しているわけではなく、まだまだ鉄道の需要が高かったのです。空路への移転の影響を受けている常磐・東北線の列車と同列に見ていたところに、当時の国鉄の読みの甘さがうかがえます。結局、この状態は、昭和58年の夏に臨時急行「おが」で使われていた14系客車と交換したことで解消されています。

上野を発車してからしばらくは、確保した下段ベッドに寝ころびながら、ときおり並走する常磐線の緩行電車を眺めました。こちらは優雅な寝姿、あちらは長距離通勤の帰り道、正反対な環境が同じ位置にある様は、何回乗っても不思議議です。このときほど、A寝台に乗っている優越感を感じたことはありません。

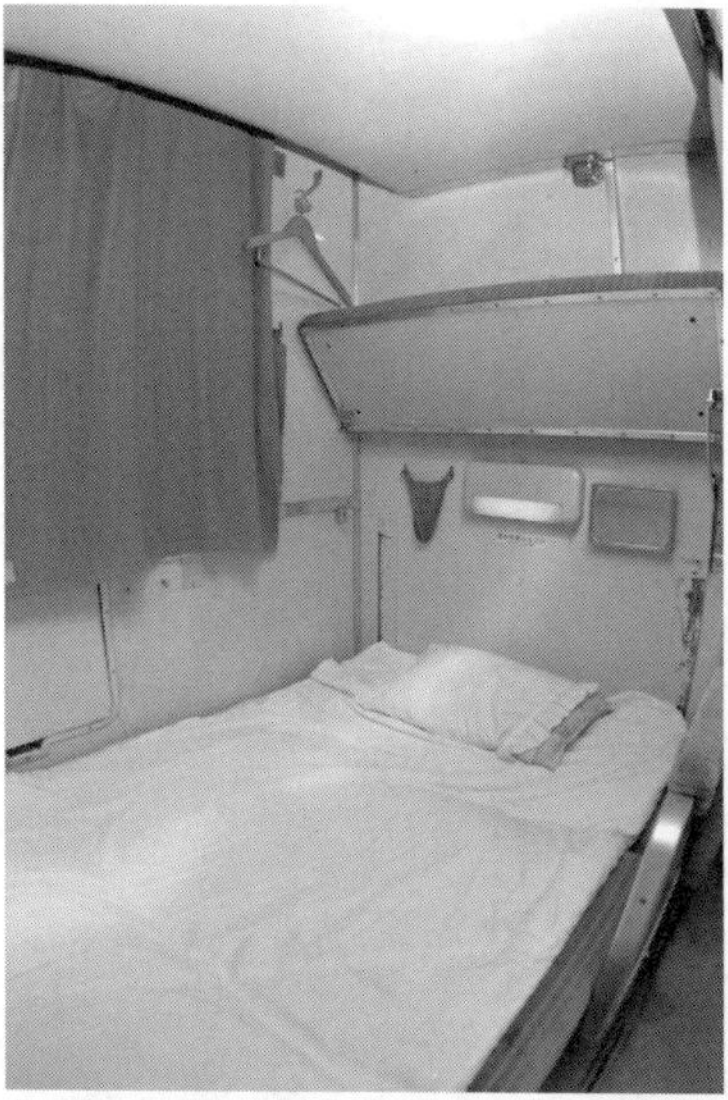
「十和田3号」で利用したA寝台と同型の寝台下段。写真は北海道新得町で保存されているナロネ22形

後年、下りの「北斗星」で大宮駅に停車したとき、ロビーカーからホームで列車を待つ通勤客を眺めるシーンを何回か経験していますが、このときも多少の優越感はあったものの、どうも

覗かれているという気分が拭えませんでした。やはり走っているときと停車しているときは、感覚がずいぶん違うものです。

水戸を出ると眠りに落ちるようになり、目が覚めたのは野辺地に着く少し手前くらいでした。「十和田3号」の青森到着は9時7分ですが、寝台の解体はなし。野辺地を出て少ししてから寝落ちしたため、見馴れた陸奥湾の光景は夢の中でした。

——「ニセコ3号」でグリーン車を貸し切る

青森からの青函連絡船は9時50分発の7便。船名はまたしても不明です。この便は上野からの特急「ゆうづる」2本と奥羽本線経由の急行「津軽」1本、それに普通列車の接続も受けるので、わりと使いやすかったのですが、深夜便のように混雑することはなく、そこそこの乗りだったような気がします。

早朝を除く午前中出航の青函連絡船に乗るのは、おそらくこのときが初めてだったと思います。青函連絡船には、大学に入る前から乗り慣れていたため、船自体に新味を見い出すことは難しかったのですが、グリーン船室がある遊歩甲板から見る午前中の津軽海峡は新鮮な気分にさせてくれたものです。

函館では50分近い接続時間があったので、下船はゆっくりめ。ホームへ移動し「札幌行」の発車案内を見ると、やっと帰ってきたという実感が湧きます。後年、「北斗星」に乗って函館に到着したときも似た感覚だったので、函館というところは私にとって〝庭〟のような存在だったのでしょう。

「ニセコ3号」は、昭和48年の初上京の際に乗った「ニセコ1号」（昭和55年当時は「ニセコ2号」）のペア列車です。このとき、怖る怖る覗いたグリーン車に、今回は堂々と乗車できます。

ところが、発車時刻になっても乗客は私だけ。大半の客は先発する特急「北斗3号」へ流れていったせいもあるかもしまれん。札幌着は「北斗3号」が18時40分、対する「ニセコ3号」は19時56分。営業距離は倶知安・小樽経由の「ニセコ3号」より32・4キロ長くても、平坦な室蘭本線・千歳線を走る「北斗3号」の威力は絶大です。発車時刻はそれほど変わらないのに、到着時刻が1時間16分も差がついては勝負になりません。ましてや、特急の普通車よりはるかに高くつく急行のグリーン車に乗る物好きなど、鉄道好きの私以外は考えられません。

それでも「ニセコ3号」は窓が開くので、固定窓の特急よりはるかに開放的です。グリーン車には冷房があるので、窓を開けることは躊躇われるのですが、私以外に客はいないので、車掌の目を盗んで（?）、座っている区画だけ窓を全開にしてみました。

普通車の場合、窓を開けると進行方向からの風がまともにあたるのが難ですが、グリーン車の場合、リクライニングシートをある程度倒せば、そのようなことがないので、目一杯シートを倒して、流れゆく夏の空を眺めていました。大沼駅の手前で見えてくる小沼の風景も、特急の固定窓から見るのとは趣が全然違い、まさに風流な汽車の旅。これが究極の贅沢なのかもしれません。

私の記憶では小樽を過ぎても乗客の姿はなかったので、とうとう最後まで貸切になってしまったようです。混雑していれば上級乗換えで来る人もいそうなものですが、それすらなかったのは、普通車でもたいした混雑はしていなかったということなのでしょう。もちろん、当時のグリーン料金の割高感が半端ではなかったという事情も無視できません。学生の分際でそんなグリーン車を貸し切るとは、ちょっと生意気かなとも感じたものです。

ちなみに、この「ニセコ3号」には、号数のない「ニセコ」となった翌年2月の帰省にも乗車していますが、このときは「14系」と言う特急型客車に変わっていました。簡易式ながら普通車も一方向きのリクライニングシートになり、冷房付き。グリーン車はありませんでしたが、急行なのに、特急にしか見られなかった白いシートカバーが掛けられていたのには感動しました。急行と言わなければ、誰もが特急と勘違いするはずです。車体番号の横には「ホ」という丸文字が書かれており、北海道向けに改造した14系であることが示されていました。

14系客車に置き換えられた後の急行「ニセコ」

特急型なのでもちろん窓は固定。「ニセコ3号」で味わった開放感はなくなってしまいましたが、大きな窓を通した山線の景色はいつもと違って見えました。台車が空気バネに変わったことで乗り心地は劇的に向上。車体の密閉度が上がったぶん、旧型客車時代より騒音が減り、「ガタンゴトン」という音が「カタンコトン」という感じになったのが印象的でした。

この14系は、現在も青森〜札幌間の急行「はまなす」に使われていますが、同列車は北海道新幹線が開業する平成28年（2016）3月21日の青森発を最後に廃止されることが決まっています。これで北海道の定期列車における14系の歴史に終止符が打たれることになり、急行「ニセコ」の記憶はますます遠いものとなりそうです。

441M～231M～快速「くりこま」～1535レ～121レ──昭和57年

──ついに日着圏となった上野～札幌間

東京～札幌間の〝鉄タビ〟史上、画期的なことがこの年の11月に起こりました。東北新幹線大宮～盛岡間の開業により、上野～札幌間が夜行列車なしで到達できる日着圏となったのです。

東北新幹線は6月に開業していますが、このときは並行する特急「やまびこ」のすべてと特急「ひばり」の半数が廃止になったのみで、根本のダイヤにはほとんど手が入れられなかったため、日着圏にはなりませんでした。昭和57年（1982）6月の全国版時刻表を見ると、大宮を一番に出る「やまびこ11号」の盛岡着が10時32分。盛岡で接続する青森行きは12時32分発の急行「くりこま3号」までありません。「やまびこ11号」が盛岡に到着する1分前には青森行きの普通1521列車が発車しており、これに乗り継ぐことができれば、青函連絡船23便と特急「北斗7号」のリレーで札幌には23時25分に到着できたというのに、つくづく国鉄は意地悪なダイヤを設定したものだと思ったものです。

もっとも、8月に盛岡～青森間で「おいらせ51号」と言う臨時急行が設定されたときだけは日着圏となりました。そのときの上野〜札幌間の所要時間は16時間52分。これは平成27年（2015）8月に廃止された寝台特急「北斗星」のそれにほぼ匹敵します。

ちなみに、平成27年3月に設定された現行ダイヤでは、東京9時36分発の「はやぶさ11号」に乗れば、新青森から特急「スーパー白鳥11号」〜特急「スーパー北斗11号」のリレーで札幌着は18時43分。所要時間は最速の9時間7分で、昭和57年のおよそ半分となっています。JR移行後に青函トンネルを含む津軽海峡線が開業し、北海道側では高速特急網が拡充、東北新幹線が新青森まで延伸した効果と言ってよいでしょう。

57・11改正で上野〜札幌間が完全な日着圏となったのは、東北新幹線と並行する特急「はつかり」が盛岡以北のみの運行となり、東北新幹線との接続が改善されたからでした。

――「のびのび」旅行で九死に一生

このような画期的な出来事があったにも拘わらず、すぐには実践する気になれませんでした。いくら日着圏になったとはいっても、途中下車もろくにできず、乗継ぎだけで1日が終わってしまうのは、もったいなく思ったからです。それに、昭和57年3月からは、国鉄の普通列車が5日間乗り降り自由となる画期的な切符「青春18のびのびきっぷ」（現在の「青春18きっぷ」）が発売されていましたから、これを利用する機会が増えたということもありました。

この切符は、2日券1枚と1日券3枚の組合せで、発売額は8000円。うまく使えば、従来の半値で上野〜札幌間を往復できます。大学入学当初はご祝儀続きで豪華な帰省をしていた私も、大学3年になる頃には金回りが悪くなっていましたから、「青春18のびのびきっぷ」は救いの神でした。切符のタイトルが長いので、鉄仲間では「のびのび」と呼んでいて、旅に出ると言うと「『のびのび』で行くのかい?」が常套句《じょうとうく》になっていました。

そして、早くも8月の夏休みに「のびのび」を2冊使って帰省を兼ねた日本一周の旅に出ています。このときの「のびのび」は、1日券が1枚増えて1万円となっていました。

行程は東京を「大垣夜行」と呼ばれていた普通345Mで出発。京都〜出雲市間の「山陰」や門司港〜長崎・佐世保間の「ながさき」といったB寝台車付きの普通夜行列車を活用しながら山陰や九州を訪ねた後、山陽本線の普通列車と上りの大垣夜行340Mを乗り継いで一気に上京。そのまま、上野から常磐線の一番列車451Mに乗り換え、本来の帰省の旅についたのでした。

この旅の出発日は8月1日であることをはっきり覚えています。なぜかというと、東京から乗車した大垣夜行345Mが、折からの台風10号の影響により、日付が変わった翌2日に富士駅で足止めを食ったからです。東京を出て以来、茅ケ崎で倒木があったりと早くも影響が出ていましたが、まさか大垣よりはるか手前の富士で朝を迎えるとは思いもよりませんでした。

富士駅から乗車した代行バスの車内で聞いたところ、先にある富士川鉄橋が富士川の濁流で流されていたとのこと。当時の３４５Ｍは夏休み真っ盛りということで超満員。もし、運転続行で川に突っ込んでいたら、鉄道史上最大の惨事になっていたことでしょう。私も生きて本書を書いていなかったのかもしれません。

この出来事は、現在、ネット上で「怖い話」としていろいろ紹介されています。鉄橋が流されたことを知らずに３４５Ｍを発車させようとした車掌が、富士駅で「おーい、待ってくれー」と言う声を聞いて発車を遅らせたのだとか。その声の主はわからずじまいで、列車は発車したものの、今度は鉄橋の流出で停電し、再び停止したと言われています。熟睡していたので真偽のほどは定かではありませんが、九死に一生を得たのは確かなようです。

――無料のグリーン車も楽しめた鈍行帰省

本題から少し外れてしまいましたが、東北新幹線が本格運転を開始した後の昭和57年末、夏の「のびのび」旅行で実践した上野～札幌間の鈍行帰省を再び行なってみました。

ただし、このときは「のびのび」が発売されなかったため、冬期１割引だった「道南ワイド周(注)

遊券」を使っています。夏の帰省は長くなるため、有効期間が最大でも20日間だったワイド周遊券は使えなかったのですが、冬休みは10日程度のため、単純に往復割引乗車券を買うより安くなる冬期割引の周遊券は利用価値が高かったのです。

■昭和57年の帰省列車　※平＝現・いわき

上野からの営業キロ	列車番号		441M	231M	3535M	1535	1便	121
	種別		普通	普通	快速	普通	青函	普通
	列車名				くりこま			
0.0	上野	発	507	…	…	…	…	…
211.6	平	着	840	…	…	…	…	…
		発	└	844	…	…	…	…
362.9	仙台	着	…	1222	…	…	…	…
		発	…	└	1329	…	…	…
546.4	盛岡	着	…	…	1614	…	…	…
		発	…	…	└	1642	…	…
750.3	青森	着	…	…	…	2052	…	…
		発	…	…	…	└	035	…
863.3	函館	着	…	…	…	…	425	…
		発	…	…	…	…	└	620
1149.6	札幌	着	…	…	…	…	…	1551

当時の「道南ワイド周遊券」は、自由周遊区間までは急行の普通車自由席、自由周遊区間内は特急・急行の普通車自由席を使えたため、好き好んでわざわざ鈍行に乗る必要はないのですが、この年は年末ぎりぎりまで東京にいなければならなかったため、帰省は12月30日発となりました。国民大移動のピークなので、当然、夜行急行の自由席は早くから並ばないと座れないですし、待ち時間を考えると、上野を早朝に発って、鈍行乗継ぎで移動したほうが空いていて楽だと判断したわけです。ネックとなるのは深夜便の青函連絡船でしたが、これはグリーン指定席を押さえておくことで

解決。どんなに列車が混雑していても、連絡船のグリーン指定席が満席になることはまずなかったのです。実際、札幌駅のみどりの窓口では、混雑時に列車の指定券だけを優先的に発売していたので、連絡船の指定席は忘れられがちになっていたのです。

このときの帰省プランは、上野5時7分発の平（現・いわき）行き441Mで出発。平から仙台行き231M、仙台から盛岡行き快速「くりこま」、盛岡から青森行き1535列車を乗り継ぎ青森へ。青森から青函連絡船1便、函館から旭川行き121列車のリレーで、札幌には15時51分に到着するというものでした。所要時間は34時間44分。東北新幹線と在来線特急による日着移動の倍かかっていました。「のびのび」なら2日間消費するだけなので、実質3200円で上野から札幌まで行けることになります。冬期に「のびのび」が発売されなかったことを何度恨めしく思ったことか……。

当時、私は赤羽にある叔父のマンションに居候していた関係で、早朝の上野発は苦もなくできました。案の定、平行き441Mはガラガラで、帰省の「き」の字すら感じません。「道南ワイド周遊券」を持った客がこの列車に乗っていることなど、想像だにできないでしょう。車掌の検札が来たら、目を丸くするだろうなと思っていましたが、普通列車なのでそれはなし。水戸を出ると若干、地元の用務客が乗り込んできたものの、激しく混雑するようなことはなく平に到着しました。

平から4分で乗り継いだ仙台行き231Mは、「交直両用電車」と呼ばれる、直流区間と交流区間を直通できる急行型電車が使われていました。この列車は昭和57年11月のダイヤ改正までは客車列車でしたが、この改正で在来線の電車急行が削減された関係で、急行型電車の運用に余裕ができ、客車の置換えに充当されたのです。元は急行用の編成なのでグリーン車が連結されたままになっており、普通車代用で営業していました。これは「グリーン開放」と呼ばれるもので、グリーン料金は不要でした。さすがにシートカバーは外されていましたが、無料でグリーン車を利用できるのですから、その程度は目を瞑れます。早朝発のためやや睡眠不足気味だったこともあり、リクライニングシートの無料グリーン車はありがたい限り。爆睡したまま仙台へ向かいました。

――グリーン客につられた普通客

仙台には12時22分に到着。当時の東北新幹線は、上野～大宮間が「新幹線リレー号」による乗継ぎになるとはいえ、東京から仙台までは2時間足らず。上野を朝一番に出れば9時前には着いているわけですから、鈍行ののんびりぶりはますます際立ちます。

全線が複線化されている東北本線を経由すれば、在来線の鈍行乗継ぎでも、もう少し早く仙台に着くことができるのではないか？　と思いきや、当時は上野を朝一番の東北本線に乗っても福島での接続が悪く、仙台から乗車する予定にしていた13時29分発の盛岡行き快速「くりこま」はおろか、その後に発車し当日中に青森に着く１５３７列車にも間に合いません。この接続が改善されたのは、なんと東北新幹線が上野開業を迎えた昭和60年3月改正でのこと。以来、新幹線と並行する東北本線の在来優等列車は、上野～秋田間の特急「つばさ」１往復や支線へ乗り入れる列車を残して全廃され、そのぶん、普通列車のダイヤが拡充されたのです。新幹線の開業は在来線の優等列車が廃止されるぶん、利便性が損なわれるとよく言われていますが、こと、鈍行乗継ぎに関しては改善で、多くの「青春18きっぷ」派が喜んだことでしょう。

仙台からは、「くりこま」の14分後に発車する青森行き１５３７列車に乗車しても、接続する青函連絡船は一緒だったのですが、あえて「くりこま」を選んだのは、盛岡で先行する１５３５列車に追いつき、青森に21時前に着くことができたからです。これなら、駅前にある行きつけの食堂「おさない」で食事が可能です。連絡船でも食事はできましたが、海の幸がふんだんな「おさない」の定食は絶品で、連絡船グリルの比ではありませんでした。現在でも青森へ行くと「おさない」へ行くのが欠かせません。

平～盛岡間は急行型交直両用電車（左側の車両）による移動となったが、グリーン車は仙台を境に南は無料、北は有料だった。写真は常磐線の急行「ときわ」で使用されていたときのもの

それに「くりこま」は11月改正で新設された快速だったので、その状況を確認したいという気持ちもありました。仙台～盛岡間は改正前まで特急「はつかり」や急行「いわて」「くりこま」といった優等列車が運行されていましたが、それらが根こそぎ廃止され、代わりに設定されたのが快速「くりこま」だったわけです。いくら新幹線が開業したとはいっても、瀬峰や小牛田《こごた》、水沢など、かつての優等列車停車駅へは必ずしも利便性がよくなったとは言えず、そのぶんを快速でカバーしようというわけです。

そんなわけで、案の定、「くりこま」は発車前から長蛇の列。私は普通列車用のグリーン券を購入していたため、グリーン車の乗車位置に並んでいましたが、その列もどんどん長くなっていきました。最初は「グリーン車も相当な人気があるのだな」と思っていたのですが、どうやら、ほとんどの人が普通車の乗車位置と勘違いしていたようで、列車がホームに停まると、あわてて普通車の列に加わる人が後を絶ちませんでした。私が一番前に立っていたばかりにつられてしまったようです。グリーン車といっても自由席なので、念のために早めに並んだわけですが、罪つくりなことをしたと苦笑してしまいました。

「くりこま」の車両も、２３１M同様に急行型電車を使用していました。これは時刻表に普通列車用のグリーンマークが付いていたのでわかっていましたが、２３１Mでは無料だった同形式のグリーン車が「くりこま」では有料。「仙台から盛岡までのグリーン料金１７００円は、シートカバー代だったのか？」と思うと、釈然としませんでした。

そのグリーン車も、普通車の混雑を嫌って乗り換えてきた人でやがて満員に。水沢を過ぎるといきなり大雪となり、いよいよ故郷が近くなったことを実感しつつ、16時14分に盛岡に到着。ここからは矢幅で追い抜いた青森行き１５３５列車に乗り換えます。

この列車も混雑していたものの、それも沼宮内《ぬまくない》まで。この駅は現在新幹線駅となり、「いわて沼宮内」と改称されていますが、そんなことが想像できないほどのローカル駅でした。すでに日は落ちており、侘びしく照明が灯る旧型客車で延々と夜の旅が続きます。以前ならば、本を読んだりラジオを聴いたりして時間をつぶしていましたが、携帯用音楽プレイヤーからの曲をＢＧＭにしながら車窓を楽しむことができるようになりました。いまはスマホでネットアクセスという時代ですが、当時はスマホの「ス」の字も、ネットの「ネ」の字もない時代。車内での時間の過ごし方も、時代によって移り変わっています。

もっとも私にはもうひとつの過ごし方がありました。それは硬券の入場券集めです。大学の鉄研に在籍していた当時は乗車券分科会に所属して、先輩から駅の入場券集めのノウハウを伝授してもらいました。国鉄の合理化が進むにつれて、中小の駅の無人化がどんどん進む一方、大きな駅でも硬券入場券の発売をやめて、自動券売機による、いわゆる「軟券」に切り換えられつつありました。軟券は、時間が経過すると券面が消えるというデメリットがあるため、鉄研の内部ではコレクションとしては価値なしとされており、もっぱら昔ながらの硬券入場券集めに血眼になっていたのです。

私の場合、停車時間が長い駅で途中下車して買い求めていましたが、先輩のなかには、駅に着くやいなや、駅員に切手を貼った返信用封筒と代金代わりの旅行券[注]を入れた書簡を渡し、入場券を送り返してもらうように頼む猛者もいました。この方法では、ホームのどの位置に駅員が立っているか、到着のたびに確認する必要がありました。

現在のように幹線でも編成が1~2両の列車ばかりならよいですが、当時は普通列車でさえ10

両近い編成があったので、乗っていた車両が駅員から遠いと大変。いちいちそんなことを気にしていては、旅を楽しむのが先か、入場券を買うのが先か、わからなくなります。入場券はあくまで旅の余興と割り切っていた私は、停車時間が長くなりそうな駅に目星をつけて、無理のない範囲で収集していました。時間の目安は5分程度で、ホームから駅舎が遠い場合は10分程度と決めていました。東北本線は複線なので、列車交換での停車時間はあまり期待できませんでした。

——金がないのに連絡船の寝台を初体験

青森には20時52分に到着。青函連絡船青森桟橋の逆にある改札口へダッシュして「おさない」へ。ラストオーダーが21時頃までだったと記憶していたので、まさに時間ぎりぎりでした。なにを食べたのかをはっきりと覚えていないのですが、おかずの量がかなり多かったので、おそらくイカ刺し定食を食べたのだと思います。駅前には津軽弁の女性主人が経営している喫茶店もありましたが、すでに店仕舞い。現在でも青森駅界隈にあるカフェは21時を境に相次いで閉店するので、青森の夜は今も昔もあまり変わっていないようです。

23時過ぎに青森桟橋の待合室に入ると、盛岡からの特急「はつかり19・21号」や大阪からの特急「白鳥」がまだ到着していないのに大混雑。いくら国鉄の人気がなくなってきたとはいえ、年

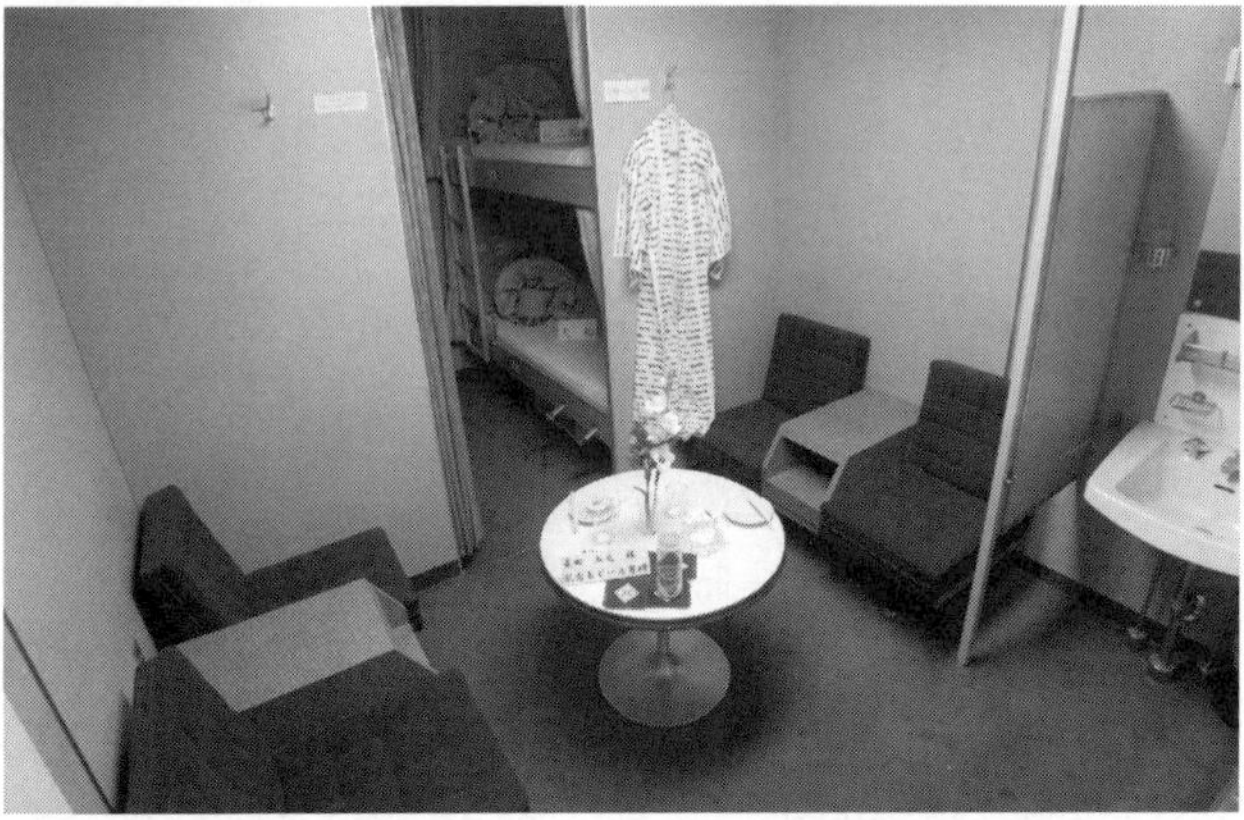

現在、青森市の「青函連絡船メモリアルシップ八甲田丸」で見ることができる青函連絡船の寝台室

末年始は違います。接続する便は、0時10分発の101便と0時35分発の1便。101便は(注)貨物船を改造した船を使っているため、グリーン船室や食堂はありません。それでは連絡船の雰囲気に欠けるだろうと思った私は、貨物改造船の3桁便を避けていましたが、青函連絡船が廃止されたいまとなっては、1度くらいは乗っておくべきだったと後悔しています。

　いったんは指定のグリーン船室に収まったものの、どうも気になって仕方がないのがその奥にある寝台室。青森〜函館間はわずか3時間50分の航行なので、当時、2200円もの寝台料金を払ってまで利用するのはもったいないと思っていました。しかし、そのときはなにを血迷ったのか、船内案内所で寝台への上級切換えを申し込んでいました。お金がないと言っておきながら、こういうときは現金なものです。

連絡船の寝台は5区画あり、A寝台と同じく上下2段のベッドが1区画に2組配置。船の寝台らしく、ソファやテーブルまで備えていました。長距離フェリーの特2等より豪華な設備を、実質2時間程度しか利用できないのは惜しいとしか言いようがなかったです。寝台室は子連れの家族が多かったようで、ぐずる子供をあやすには、多少高価でも家族で寝台室を取ったほうが好都合だったのでしょう。これまでは謎の存在だった連絡船寝台の意外な素顔でした。

――サウナのような121列車

4時25分、函館に到着すると、エントランス付近で待機していた乗換え客が、ダッシュで特急「北斗1号」「北海1号」が待つホームへ殺到。自由席狙いの客は先発する101便を使っていると思うので、1便は指定券を持つ客だけかと思っていましたが、必ずしもそうではなかったようです。

その点、6時20分発の旭川行き121列車を待つ私はのんびりしたもので、特急の発車を悠然と見送りました。せっかく函館まで来たので、また好物のいか天そばを食べようと、ホームの立食そばに寄りましたが、特急客が殺到していて近づけない雰囲気。ならば、発車した後にと思ったものの、なんと、そば屋はさっさと店仕舞い。どうやら次の特急まで営業を再開しないようで、私が乗る121列車は無視されていました。いか天そばを取りはぐれた私は、無意味に函館駅界隈をブラブラ。もちろん夜は明けてなく、函館市電の初電もまだ出ていません。2本の特急が出た後は、しばらく列車の出入りもなく、手持ち無沙汰とはまさにこのことでした。

121列車は、6時を過ぎて特急発車の喧噪が嘘のように入線。スチーム暖房の煙がシュ〜と立ち上がる様子は、いかにも真冬の客車列車らしい光景でした。この列車も客扱いを行なう車両はわずか3両で、函館発車時点では予想通り1両に数人の乗り。平日なら大沼〜森間で汽車通学の高校生が大勢乗ってきますが、年末とあってそれはなし。あえて特急で急がなくても、夕方までには自動的に札幌まで運んでくれるので、呑気に冬の客車列車の旅を楽しみました。

大学入学の年、夏の「ニセコ3号」に乗り、グリーン車の窓を開けたことを思い出し、真冬の121列車でも窓を全開にしました。外は晴天ですし、スチーム暖房の調整が悪かったのか、車内がサウナのように蒸し暑く、窓を閉めていると居ても立ってもいられなかったのです。

よく北海道の人間は真冬でも半袖Tシャツで過ごしているなどと言われますが、これは過剰に暖房が効いているせいで、列車にも当てはまることでした。電気暖房ばかりになった現在の電車や気動車では、むしろ寒いくらいなので、列車内で適正温度を保つことはかなり難しいのでしょう。車掌も暑いのが気になったらしく、頻繁に床面の点検扉を開いては暖房のコックを調整していましたが、ほとんど効果がありませんでした。乗客が極端に少ないため、窓を開けても苦情が出るはずもなく、この状態で長万部まで過ごした記憶があります。

少ない客をのんびり運んできた121列車も、小樽を出ると途端に混み始め、たちまち座席は満席に。さすがは札幌圏西の入口です。当時は「札幌圏」と言う言葉はありませんでしたが、札幌市の人口が年々増加し、宅地化が進んだせいで、小樽〜札幌間はこの頃から北海道屈指のドル箱区間になっていたようです。

それでも、現在、手稲〜琴似間にある稲積《いなづみ》公園、発寒《はっさむ》、発寒中央の3駅はまだ未設置で、普通列車でも手稲を出ると次は琴似という、現在の快速と同じような運転になっていました。121列車は小樽から電気機関車が牽引していたとはいえ、現在の快速ほど速度があるわけではなかったので、当時の手稲〜琴似間は異様に長い駅間に感じたものです。

琴似〜札幌間の高架工事は始まってから4年程度しか経っておらず、現在、JR北海道の本社がある桑園は、周囲に倉庫がちらほらとあるだけの小駅でした。桑園駅は浪人時代に近くの予備校へ通っていた思い出の駅でした。

15時51分、札幌に到着した121列車は大勢の客を吐き出し、20分後に旭川へ向けて発車。小樽までは1ボックスを占領し続けたものの、それでも9時間を越える乗車でお尻が悲鳴を上げていました。

この帰省の復路（上り）も普通列車を利用することにしていましたが、青森～仙台間では接続が悪かったため、普通列車だけでは上野まで到達できませんでした。仕方がないので、青森～八戸間のみ「はつかり」を利用することにして、１００キロまでの自由席特急券を別途購入。「道南ワイド周遊券」の本州内は急行の普通車自由席しか利用できなかったためです。

これが「のびのび」利用だと乗車券も必要になるため、ますます出費が増えますが、それでも鈍行乗継ぎにこだわって宿に泊まるよりははるかに安上がりです。上りも普通列車だけで上野まで乗り継げるようになったのは、昭和60年3月のダイヤ改正からでした。

ところが、この青森からの乗継ぎはキャンセルすることに。急に冬休み明けの考査が気になり出し、できるだけ疲労が溜まらないように帰りたいと思ったからです。

それなら、さっさと東北新幹線で帰ればよかったのに、やはり特急料金が高いのがネック。そこで、奥羽本線、羽越本線、上越線、高崎線を経由する電車特急「鳥海」を利用することにしました。これなら特急料金は新幹線利用より２０００円程度安くなりますし、乗換えも不要。「道南ワイド周遊券」では特急券を買えば「鳥海」のルートも利用できたので、一石二鳥でした。車両はもちろん特急型電車のスタンダード・485系です。新潟〜大宮間の上越新幹線開業後は、上野〜新潟間の在来特急「とき」が全廃されたため、新津〜水上間では「鳥海」が唯一の特急として運行されていました。

年始のUターンラッシュと重なったため、「鳥海」は青森を出てしばらくしてから混み始め、上野に着くまで自由席で立客を見なかったことはほとんどありませんでした。食堂車も連結されていたものの、混雑する自由席からでは行く気になれず、ほぼ座席に缶詰状態。車内は帰省の疲労感を絵に描いたように澱んだ雰囲気で、いくら特急とはいえ息が詰まりました。やはり往路で鈍行を選んだことは正解だったようです。

「鳥海」は昭和60年3月のダイヤ改正で廃止されているので、これはこれで貴重な体験になりましたが。

（注）▼道南ワイド周遊券……札幌から南の北海道内を自由周遊区間としたワイド周遊券。ワイド周遊券はかつて「均一周遊券」と呼ばれていたが、昭和45年に自由周遊区間を小さくした「ミニ周遊券」が登場したことにより改称された。「道南ワイド周遊券」は、北海道内全域を自由周遊区間とした「北海道ワイド周遊券」より1万円程度割安だった。10月1日から翌年5月31日の間に購入すると「北海道ワイド周遊券」が2割引、「道南ワイド周遊券」が1割引となった。そのため、5月31日に購入し、有効開始日

の変更を繰り返すことで夏休みに利用する人も現れて、一時問題になったこともあった。周遊券はJRグループに承継されたものの、平成10年（1998）に「周遊きっぷ」として発展的解消を遂げた。その「周遊きっぷ」も、ルールの複雑さが嫌われたこと、現場での周知不足などもあり、平成25年に廃止されている。

▼旅行券……国鉄時代に販売されていた金券で、国鉄の切符を購入する際に利用できた。券種は1000円・5000円・1万円・3万円・5万円の5種で、有効期間は1年。みどりの窓口が設置されている駅で購入することができた。

▼貨物船を改造した船……青函連絡船では、昭和57年に老朽化した「津軽丸」「松前丸」を廃船にする代わりに、貨物船を車載客船に改造した「石狩丸」「檜山丸」を就航させた。これらの船は普通船室のみだった。

急行「ときわ15号」～245D～急行「八甲田」～特急「おおとり」――昭和58年

――常磐線を気動車だけで北上

大学生活がラストに近づいたこの年の暮れは、帰省ラッシュのピークを外して東京を発てたため、優等列車を利用しての帰省となりました。この頃になると、時刻表の連絡早見表に登場するような乗継ぎパターンに飽き飽きしていたせいか、どのように乗り継げばおもしろく移動できるのかということばかりを考えていたような気がします。帰省手段がだんだんとマニアックになりつつありました。

「道南ワイド周遊券」の場合、自由周遊区間内までの経路は東北本線のほか、常磐線～東北本線、東北本線～奥羽本線、高崎線～上越線～羽越本線（白新線を含む）～奥羽本線も選択できますし、急行の普通車自由席なら1個列車に限らず、複数列車を乗り継ぐこともできます。この頃になると、上野～青森間の定期急行は、東北本線経由の「八甲田」、常磐線経由の「十和田」、奥羽本線経由の「津軽」しかありません。青森までは12～14時間程度かかっていたので、混雑で身動きの取れない車内で長時間、座り続けていくのはしんどいですし、青森まで素直に直行すると旅の楽しみが半減するような気がしました。

■昭和58年の帰省列車

※平＝現・いわき

上野からの営業キロ	列車番号		415D	245D	103	23便	5D
	種別		急行	普通	急行	青函	特急
	列車名		ときわ15号		八甲田		おおとり
0.0	上野	発	**1603**	…	…	…	…
211.6	平	着	**1926**	…	…	…	…
		発	└	2001	…	…	…
362.9	仙台	着	…	2331	…	…	…
		発	…	└	**023**	…	…
750.3	青森	着	…	…	**615**	…	…
		発	…	…	└	730	…
863.3	函館	着	…	…	…	1120	…
		発	…	…	…	└	**1140**
1182.0	札幌	着	…	…	…	…	**1555**

「どうせなら、いつもは考えもしない列車に乗ってやろう」ということで、時刻表をペラペラとめくってみ

常磐線の気動車急行「ときわ」。上野〜水戸間は水郡線直通の「奥久慈」を併結したため、10両もの長大編成となっていた

ると、目に付いたのが常磐線の気動車急行「ときわ」。「上野発の気動車急行がまだあったなんて……」。常磐線は何度も利用しているポピュラーな路線でしたが、気動車急行の存在は〝灯台下暗し〟でした。

常磐線は、昭和42年（1967）8月に全線電化されていますが、それでも気動車急行が残っていたのは、非電化の水郡線に乗り入れる「奥久慈」と言う急行を水戸まで併結していたからで、「ときわ」側にはグリーン車のキロ28形も連結されていました。

「ときわ15号」の上野発は16時03分。終点の平（現・いわき）では仙台行きの普通245D、仙台では上野から東北本線経由で来た急行「八甲田」へ乗り継ぎます。

不安なのは仙台から乗車する「八甲田」で、指定席を取ろうかどうか迷いました。ワイド・ミニ周遊券利用の場合、急行の普通車指定席を利用すると、急行券も購入しなければいけなかったので、極度に金欠状態になってきた当時の私は、立席覚悟で自由席を選択しました。

上野を発車した「ときわ15号」は、急行型気動車独特のグォ～ンという爆音を響かせながら、三河島、南千住と猛烈な加速で通過。電車で運行されている常磐線の普通列車は「ときわ15号」以上の速さで通過しているはずなのですが、スピード感はなぜか気動車のほうが上に感じるから不思議です。

車内は1ボックスに2人程度の乗りで、我孫子を出たあたりで車掌が検札にやってきました。少し照れながら「道南ワイド周遊券」を差し出すと、「ほぉ！これはまた遠くまで……」と目を丸くされました。それもそのはず、札幌へ行く人間が常磐線の急行に乗るなんて誰も思わないですから。この年の夏、帰省に東北本線の急行「まつしま」を利用した際も似たような反応があったので、意表を突く乗継ぎの旅はなかなかやめられません。

水戸では後部5両の「奥久慈3号」の編成を切り離し、「ときわ15号」は5両の身軽な編成に。水戸を出た「奥久慈」は普通列車に変わり、常陸太田、常陸大子《だいご》まで運行されます。もし、水戸まで「奥久慈」の編成に乗って「道南ワイド周遊券」を見せていたら、「お客さん、これ、方向違いですよ」と咎《とが》められていたのかもしれません。

──1ボックスを確保できて拍子抜けした「八甲田」

平で乗り継いだ245Dは、仙台から乗車する急行「八甲田」のつなぎ役に過ぎないため、まったくと言ってよいほど印象に残っていません。どの車両を使っていたのかも記憶になく、ウォークマンを聴きながら、ぼんやりと闇を眺めていただけだったような気がします。単線区間が多いにも拘わらず、意外と長く停車する駅はなく、停車時間を利用しての硬券入場券集めもできませんでした。

仙台には23時31分に到着。青森行きの急行「八甲田」は日付が変わった0時20分に入線します。上野から札幌までの乗継ぎ旅にとって、仙台はホッとひと息できるところでした。札幌までは700キロほど残っていますが、気分的にはマラソンでいう折返し点のようなものでした。現在なら、ちょっと時間があれば仙台市営地下鉄に乗ったり、勾当台《こうとうだい》公園まで足を伸ばしたりするところですが、当時は乗継ぎ以外に頭が働かなかったせいか、駅ビルや駅前のペデストリアンデッキを行き来して時間をつぶすことしかできませんでした。それでも、東北随一の都市で「杜の都」と言われている仙台の雰囲気はじゅうぶん味わえたと思います。

急行「八甲田」は12系客車の9両編成で、「スニ41形」と言う荷物車を1両連結していました。

黒磯以南は直流電気機関車のEF58形が引いていた12系時代の急行「八甲田」。昭和60年3月改正では特急型の14系に置き換えられている

寝台車は連結されていません。東北方面の夜行急行で当時、寝台車を連結していたのは、上野～秋田間の季節急行「おが」のみで、かつてA・B寝台車やグリーン車を連結していたオールマイティな急行「津軽」でさえ、オール座席の14系客車に置き換えられていました（ただし、翌昭和59年2月改正ではB寝台車が復活）。東北の夜行列車がおもしろくなくなってきたのは、この頃からだったと思います。

立席を覚悟していた「八甲田」の自由席は、運よく1ボックス空いた席を見つけることができて拍子抜け。仙台でグループ客が降りていったのかもしれません。さっそく、空気枕を膨らませて、身体をくの字に曲げて就寝態勢に。これから先は深夜帯にかかるため、客が大勢乗り込んでくる心配はありません。大学1年の秋に四国で「うわじま1号」と言う夜行急行に乗車したとき、くの字に寝ていたはずが、途中から想定外の客がどかどかと乗り込み、いつのまにか〝正座〟させられていたことがあったので、油断はできませんが。

目が覚めたのは、現在、青い森鉄道の浅虫温泉駅となっている浅虫。ここは東北有数の温泉街・浅虫温泉の玄関駅で、急行はもちろん、特急「はつかり」も停車しますが、温泉客が降りているシーンをほとんど見たことがありませんでした。青森から上りの優等列車に乗ると最初に停車する駅なので、この駅のことは余計に気になっていました。後年、浅虫温泉界隈には何度も行っていますが、陸奥湾のパノラマが広がる風光明媚な地で〝東北の伊豆〟と言っても過言ではない雰囲気にすっかり魅了されています。

6時15分に青森に到着し、1時間15分の待合せで青函連絡船23便の客に。この便は「八甲田」のほかに、特急「ゆうづる5号」「はくつる1号」も受けるので結構混雑していました。金欠の私は、とうとう普通船室の客に。桟敷席は全盛期の頃ほどではありませんが、かなりの混雑。一方、2人掛けの椅子席はひとりで占有できる状態でした。桟敷席で近隣に気を遣いながら肩身の狭い思いをするよりは、確実にスペースを確保できる椅子席のほうが都合がよかったですし、通路側の肘掛けに空気枕を巻き付け、足を少しくの字にすれば、かなり楽に横になれました。

59.11.1～30 までの航送便

国鉄青函航路自動車航送　＜青森—函館＞

乗用車は豪華で安全な国鉄フェリー連絡船で……
1日192台いつでも乗れます。

*101*便，*102*便は改造船で運航

◎一便当り12台　一日８往復　太字便は，オートバイ・スクーター・自転車も航送

◎航　送　便

便　名	101	171	151	23	153	3	155	157		
青森 発	010	230	500	730	950	1215	1430	1925	…	…
函館 着	400	620	850	1120	1340	1605	1820	2315	…	…

便　名	102	150	4	152	8	154	22	156		
函館 発	010	500	715	945	1215	1435	1700	1915	…	…
青森 着	400	855	1110	1335	1605	1825	2050	2305	…	…

◎航送料金
（自動車の長さ）
３ｍまで— 9,700円
４ｍまで—12,900円
５ｍまで—16,200円
5.3ｍまで—21,100円

◎自動車の制限
長さ— 5.3ｍ
幅　— 2.1ｍ
高さ—1.95ｍ
重さ— 2.5ｔ

◎持込料金
自転車—　700円
スクーター・オートバイ
125cc以下—1,100円
125cc以上—2,200円

◎就航船　石狩丸，桧山丸，八甲田丸，大雪丸，摩周丸，羊蹄丸，十和田丸（33頁参照）

◎運転者の旅客運賃は無料です。
（同乗者は別に航路の乗車券をお求め下さい。）
◎往復割引
同一自動車で１カ月以内にお帰りのときは，復路の航送切符を同時にお求めになると復路の料金が１割引きとなります。
◎航送切符は，航送日の14日前の９時から次の箇所で発売します。（車検証をご持参ください）
○釧路，帯広，旭川，札幌，東室蘭，長万部，八雲，森，函館，青森，浅虫，一戸，盛岡，弘前，大館，秋田……の各みどりの窓口
○交通公社の函館，札幌，八戸，盛岡，仙台の各支店
○日本旅行函館(営)，交通公社新宿旅行(セ)
◎航送切符をお持ちでない方も乗船出来る場合がありますので函館，青森駅フェリー切符売場にお問合せ下さい。

『道内時刻表』に掲載されていた青函航路自動車航送の案内。1日8往復が自動車航送便に指定されており、1便あたり最大12台まで積載することができた（『道内時刻表』昭和59年11月号から転載）

それでも早朝発の昼行便なので9時くらいには目が覚め、デッキに出たり、グリーン船室横の喫茶「サロン海峡」でくつろいだりしていると、あっと言う間に函館に着いてしまいました。昼行便は深夜便と違って船内を歩き回れるぶん、かえって上級船室を取ると損で、以後はもっぱら普通船室利用となりました。

デッキに出てみると、後部に昭和42年から始まった自動車航送用のスペースが見えました。あいにく、このときの利用はゼロで、船の上という感覚がなければ駐車場のようにしか見えません。青函連絡船の自動車航送は、予約できる箇所が限られていることや、積み込める自動車のサイズ制限が厳しいこともあって、敬遠される傾向にあったようです。現在のようにインターネット上で予約できるようになっていれば、街の中心と中心を結ぶフェリーとして重宝されていたのかもしれません。

キハ80系時代の特急「おおとり」。函館を発着する道東方面の特急としては最後まで残り、キハ183系に置き換えられた後の昭和63年3月のダイヤ改正で「北斗」と「オホーツク」に系統分離され姿を消している

——「おおとり」のカーテン攻防戦

函館では、室蘭本線・千歳線経由の特急「おおとり」と、倶知安・小樽経由の特急「北海3号」が連絡。この時間帯、昭和55年10月改正の前までは、釧路行きの特急「おおぞら5号」、網走行きの特急「おおとり」、稚内行きの急行「宗谷」という、北海道内屈指の長距離優等列車が一挙に発車するゴールデンタイムだったのですが、「おおぞら5号」は札幌～釧路間の列車に。「宗谷」は札幌を境に系統分離され、函館～札幌間が特急「北海3号」に格上げされました。そんななかで、ゴールデンタイムの面影を唯一残していたのが特急「おおとり」だったのです。「おおとり」はキハ80系、「北海3号」は新鋭のキハ183系を使

乗車した「おおとり」と同形（キハ80形）の車内。巻上げカーテンが2区画にひとつしかないので、日が当たると厄介だった。写真は北海道三笠市の三笠鉄道村に保存されているキハ80形

用していましたが、ここは「北海3号」より32分早く札幌に着く「おおとり」を選択しました。「おおとり」のほうが営業距離は長いのですが、特急料金は短いほうの倶知安・小樽経由で計算するルールがあったので、どちらも特急券は同額でした。

函館～札幌間の特急に乗ると、私は必ず内浦湾が見える海側の席に座ることにしています。当時は「○号車の海側の席」というように細かい座席の指定ができなかったので、こだわるときは自由席を選択しました。幸い、2本の特急はうまく乗客が分散してくれたようで、望み通りの席を確保できました。

ところが、この海側の席、晴天の午前中に函館を発車する列車では、まともに日が当たるのが難。

◇ 列車食堂のご案内

営業時間　6時00分から23時まで

▶ お召し上りもの

(朝) 洋　定　食	700円
ポークカツランチ	850円
シチュー定食	1,200円
ラ　ン　チ	750円
幕の内 (みそ汁付)	850円
うなぎご飯 (お吸いもの付)	1,100円
一口カツ定食	850円

▶ お好み料理

カレーライス	400円
ラ　イ　ス	130円
パントースト (バター付)	130円
ス　ー　プ	250円
ポークカツレツ	650円
コンビネーションサラダ	400円
ハムサラダ	500円
ハムサンド	370円
えびフライ	830円
スパゲッティ	420円

▶ 季節の郷土料理

帆立貝柱フライ	650円
え　ぞ　定　食	700円
いかのホッポー焼	500円

▶ のみもの

ジュース	180円
コーラー	180円
サイダー	180円
コーヒー	200円
紅　　茶	200円
ミルク (砂糖付)	120円
ビール (大)	360円
〃　(小)	230円
黒ビール	240円
清　酒　特級	350円
〃　1級	270円

■営業ご案内　食堂車は終着約30分前に閉店いたします。
なお，夜行列車では23時から翌朝6時まで営業を休みます。ご注文は閉店30分前までにお申し付けください。

昭和50年代における北海道の食堂車メニュー。カレーライスや洋定食などポピュラーなもののほかに、「いかのホッポー焼き」といった北海道ならではのメニューも見られた（『道内時刻表』昭和54年4月号より転載）

キハ80系の普通車は、日除けが横引きのカーテンではなく巻上げ式だったので、前後どちらかの席で閉めると、風景がまったく見えなくなるのです。久しぶりに函館発の昼行特急に乗れたというのに、これでは台無しです。文句を言われるのを覚悟のうえで、私がカーテンを開けると、前の人がまた閉め、私がまた開ける……前の人は意地悪をされているようで、腸が煮えくり返っているのではないかと思いましたが、せっかくの風景を妨害される言われもありません。しばらくはハラハラ、ドキドキ……。さすがにケンカにはならず、進む方向が東側に変わる長万部からこの暗黙のやりとりは終了したのでした。

「おおとり」はせっかくの食堂車付き特急だというのに、このときも入らずじまい。普通の旅ですと気分が高揚してつい行きたくなるものですが、食堂車から一番遠かった自由席でしたし、あとは実家に帰るだけという状況だったので、行く気分にはなれませんでした。「おおとり」の食堂車は、札幌～網走間の特急

「オホーツク」とともに昭和61年11月のダイヤ改正まで営業していました。昭和58年の時点で老い先は長くなかったわけで、気分を度外視して行っておけばよかったと後悔しています。

千歳空港（現・南千歳）駅を過ぎると、自由席には大きなスーツケースを持った客が大挙して乗り込んできました。この駅は昭和55年10月のダイヤ改正で新設された国鉄初の空港連絡駅で、隣には官民が共有していた千歳空港がありました。空港と駅の間は連絡デッキで結ばれていたので、冬期でも雪に悩まされずにホームまで移動できました。

千歳空港〜札幌・苫小牧間には空港連絡客向けに「エアポートシャトルきっぷ」が発売されていて、千歳空港駅から乗車した客は、ほぼこの切符の利用者だったのでしょう。千歳空港〜札幌間は普通に乗車券と自由席特急券を買えば１２７０円ですが、この切符だと９００円。正規運賃が５７０円でしたから、３３０円分が特急料金のようなものでした。私はもっぱら周遊券利用なので、この切符にはまったく縁がありませんでしたが。

「おおとり」の千歳空港発は15時19分。これに接続する航空路線は12〜13時頃に羽田を発った便でしょう。私が上野を発ったのは前日の16時頃。ほぼ24時間が経過して追いつかれてしまうとは、なんと時代錯誤でおかしな旅をしているものかと苦笑したものです。

「おおとり」は札幌で進行方向が変わるため、左手に豊平川とテレビ塔が見えてくると、なにかとざわざわしてきます。札幌には5分しか停車しないので、札幌以遠へ乗り通す客が、目の前の空いた席を片っ端から方向転換していくからです。この光景は現在も特急「スーパーカムイ」の新千歳空港直通列車（新千歳空港～札幌間は快速「エアポート」）で見ることができますが、平成28年（2016）3月のダイヤ改正では新千歳空港直通が廃止されるため、過去のものとなります。

15時55分に札幌に到着した「おおとり」は、大半の客が入れ替わり、さらに東を目指します。終点・網走に到着するのは21時57分。何度かこの列車を全区間乗り通したいと思ったことがありましたが、折返しとなる札幌行きの夜行急行「大雪6号」が21時14分発なので、断念したことを覚えています。「おおとり」を美幌で降りれば「大雪6号」でトンボ帰りすることはできましたが、やはり最後まで乗り通してこその長距離列車ですから、網走まで乗らねば意味がないと思っていました。

そんな「おおとり」も、青函トンネルを含む津軽海峡線が開業した昭和63年3月のダイヤ改正で廃止されています。

「やまびこ23号」〜特急「はつかり23号」〜特急「北斗1号」――昭和60年

――東北新幹線で新幹線のグリーン車を初体験

この年の3月、ついに大学生活に別れを告げ、晴れて社会人に。前章をお読みのかたなら「昭和55年に入学したのだから、卒業は昭和59年ではないのか？」と思われるでしょう。実は、単位計算のミスで1年余計に在学してしまったのです。知り合いからは「佐藤は勉強が好きだから……」と揶揄されてしまいましたが、いま思うと、入学時も卒業時も親に迷惑をかけた放蕩息子でした。

それはさておき、すでに北海道職員の採用試験にパスしていたため、引っ越し準備の目途が立ったところで帰札。本当は在来線の特急を利用したかったのですが、この年の3月14日に行なわれたダイヤ改正では、東北新幹線が上野まで開業したことと引き換えに、上野〜青森間を高崎線・上越線・羽越本線・奥羽本線経由で結んでいた特急「鳥海」が廃止。上野〜秋田間を奥羽本線経由で結ぶ特急「つばさ13・6号」が上野を発着する唯一の東北特急として残されていましたが、「つばさ13号」の秋田着は22時57分で、青森まで行く接続列車がありません。

夜行急行に乗る気分にはなれなかったので、やむなく、私にとっては〝禁じ手〟だった東北新

■昭和60年の帰省列車

上野からの営業キロ	列車番号		23B	1023M	1便	1D
	種別		幹	特急	青函	特急
	列車名		やまびこ23号	はつかり23号		北斗1号
0.0	上野	発	**1840**	…	…	…
531.7	盛岡	着	**2126**	…	…	…
		発	└	**2136**	…	…
735.6	青森	着	…	**009**	…	…
		発	…	└	030	…
848.6	函館	着	…	…	425	…
		発	…	…	└	**445**
1167.3	札幌	着	…	…	…	**855**

幹線と在来線特急の乗継ぎとなりました。新幹線の開業で上野から札幌までの鈍行乗継ぎが上下とも可能になった反面、優等列車の選択肢が急激に狭まり、以前のような乗継ぎの楽しみがなくなってしまいました。以後、国鉄がＪＲへ移行すると、その傾向がますます顕著になっていきます。

帰省旅行はこれが最後になると思いましたし、友人たちのように優雅な卒業旅行ができなかったこともあって、せめて、最後くらいはグリーン車で帰りたいと思い、東北新幹線「やまびこ23号」のグリーン券を奮発しました。

この列車は、盛岡で青森行き最終の特急「はつかり23号」に、青森では青函連絡船の深夜便1便、函館では札幌行きの特急「北斗1号」「北海1号」にそれぞれ接続します。かつての連絡船深夜便を介した「はつかり」〜「おおぞら」の最速黄金ルートの名残で、新幹線開業前より上野を2時間以上遅く出発することができるようになっていました。

新幹線のグリーン車はこのときが初めての経験でした。レモンイエローのリクライニングシー

東北新幹線の「やまびこ」などで活躍していた200系。写真はかつて函館本線流山温泉駅前に保存されていたもの

トを備えた東海道新幹線0系のグリーン車に以前から憧れていましたが、乗車は叶わなかったので、「200系」と呼ばれる東北新幹線のグリーン車には大いに興奮したものです。

0系のグリーン車と違い、200系のグリーン車は、幅の広いブラウン系の落ち着いたシートを使っていました。居住性は在来線グリーン車の比ではありません。あまりにゆとりがあるので、そわそわとして落ち着きませんでしたが、「これからは社会人として自分が稼いだお金でグリーン車に乗るのだ」という意気込みが湧いたものです。

「やまびこ23号」は、途中、宇都宮、郡山、仙台のみに停車。上越新幹線が合流する大宮と県庁所在地である福島には停車しません。北海道新幹線開業時に新函館北斗まで運行される「はやぶさ」

が栃木県の県庁所在地である宇都宮に停車しないことが話題になりましたが、そのような列車はこの時代からあったのです。

大宮や福島に停車しないのは異例中の異例かもしれませんが、20分後には停車駅が多い「やまびこ75号」が設定されていましたし、それ以降、21時台まではおよそ1時間おきに大宮、福島停車の定期「やまびこ」が発車していたので、さほど問題視されなかったのかもしれません。ただ、まさか新幹線が県庁所在地を通過することはないだろうと思い込んで乗った人が、福島通過にあわてて、仙台まで行って引き返すというトラブルがかなりあったのかもしれません。「やまびこ23号」の車掌も、他の列車より相当案内に気を配ったことでしょう。

このようなダイヤになっていたのは、東北新幹線にまだ北海道連絡を意識する部分があったことも否めませんが、上野開業を契機に、最高時速が210キロから240キロに引き上げられたため、その効果をアピールする意図もあったのでしょう。実際、上野〜盛岡間の所要時間は「やまびこ23号」が2時間46分、仙台以北が各駅停車となる後続の「やまびこ75号」が3時間21分。最速2時間台を謳うには、どうしても停車駅を厳選し高速運転を実現できるダイヤが必要だったのです。

それでも、上野〜大宮間は26・7キロしかないにも拘わらず20分もかかっています。これは沿線の騒音問題に起因するもので、時速にして90キロ足らず。最高時速の半分以下のスピードで、これは現在の「はやぶさ」も変わっていません。そうしたギャップを埋めるためにも、大宮以北でのスピードアップは欠かせませんでした。

東北新幹線が現在のように最高時速３２０キロとなったのは平成25年（２０１３）３月のダイヤ改正からでしたが、その区間は宇都宮～盛岡間のみ。盛岡～新青森間は国が法律を基に建設した整備新幹線であるため、現在も最高時速は法定された２６０キロに制限されています。さらに、平成28年３月に開業する北海道新幹線では、貨物列車とのすれ違い問題から、青函トンネル内での最高時速が１４０キロに制限されることになっており、将来、東京～札幌間３時間台を目指す点でボトルネックになることが指摘されています。

――「はつかり」で新幹線の威力を知る

「やまびこ23号」では車窓が闇だったので、２４０キロ運転になった動感を感じることはほとんどありませんでした。グリーン車は予想通りの静寂だったので、郡山を過ぎる頃からついうとうととしてしまったせいもあるかもしれません。

その動感は皮肉なことに盛岡で乗り換えた「はつかり23号」で感じることができました。この

583系時代の「はつかり」。昭和60年3月のダイヤ改正では12両から9両に減車された。東北新幹線が八戸まで達した平成14年12月のダイヤ改正では特急「つがる」に後を託して廃止された

列車は「はつかり」が電車化された当時の583系が使われており、本気を出せば時速100キロは余裕で越えますが、「やまびこ23号」から乗り換えると、スピードのギャップにいらいら。相対的に新幹線の威力を実感したのでした。

おまけに、583系の車内は寝台兼用で圧迫感があるせいか、照明が灯っていてもどことなく暗めで、明るい新幹線の車内と比べると、インテリアの面でも見劣りを感じました。その昔、蛍光灯の近代的な電車から白熱灯の旧型客車に乗り換えたときに感じたことが、フラッシュバックしそうになったくらいです。新幹線と在来線特急のあまりの差に、急に北へ向かう淋しさがこみあげてきました。

青森には日付を跨いだ0時9分に到着。乗り換

える青函連絡船1便は、大阪からやってきた特急「白鳥」も受けて0時30分に出航。青函連絡船にもしばらく乗ることはないだろうと思うと少し淋しくなりましたが、船内ですぐに買い求めた「紅じゃけ弁当」（かつての「あらまき弁当」）を食べてすぐに就寝。連絡船でも最後の帰省ということでグリーン券を奮発しましたが、今回は自由席です。当時、青函連絡船のグリーン料金は指定席が１６００円、自由席が１１００円で５００円の差がありました。「紅じゃけ弁当」は７５０円でしたから、無視できる差ではありません。

青函連絡船のグリーン自由席は、指定席と違って2人掛け。列車のグリーン車がそのまま船のそれになったようなものです。指定席にあったレッグレストはなく、その代わりに列車のグリーン車と同じフットレストが付いていました。リクライニングの角度も指定席より浅く、シートピッチも狭いため、これまで敬遠してきましたが、５００円も差があれば納得です。かつては１００円差しかなかった時代や同額であった時代もありましたから。

――通勤客の足にもなった早朝の気動車特急

函館では、室蘭本線・千歳線経由の「北斗1号」、倶知安・小樽経由の「北海1号」がエンジン音を高らかに待ち受けていました。かつて、「北斗1号」は釧路行きの「おおぞら1号」、「北海1

号」は旭川行きの号数なしの「北海」でした。それに、シンガリとして札幌行きの急行「ニセコ1号」も加わっていました。

「ニセコ1号」は昭和55年（1980）10月のダイヤ改正を機に廃止。「北海」と「おおぞら1号」は昭和56年10月のダイヤ改正で札幌を境に系統分離され、「おおぞら1号」は函館～札幌間が「北斗」に編入されました。この旅では「北斗1号」「北海1号」とも「キハ183系」と呼ばれる新鋭の特急型気動車に変わっており、食堂車が消えています。代わりに、グリーン車の半室が調理設備付きの車販準備室となり、温かい弁当がつくられていたようですが、私はその様子を一度も見たことがありません。早朝函館発の列車の〝お約束〟ではありませんが、乗り込んでからは睡魔が襲ってくるので、食事をする気力が起きませんでしたから。

食堂車がないせいか、キハ183系になってからの特急は風情が薄くなった気はしましたが、スピードはキハ80系とは桁違いでした。東北新幹線と「はつかり」ほどの差ではないですが、加速がとにかく滑らかで、キハ80系との20年近い世代差を嫌でも感じてしまいます。

8時21分に千歳空港（現・南千歳）駅に着くと、いよいよ最後の帰省も終わりに近づいてきたと実感します。この時間では、さすがに羽田発の初便は到着していないので、「エアポートシャトルきっぷ」を持った乗継ぎ客はゼロ。代わりに、東室蘭～札幌間では自由席特急券を別に買えば

昭和60年3月改正後の特急「北斗」は全面的にキハ183系となっていた。この頃はまだスラントノーズと呼ばれた非貫通タイプの車体で、国鉄色スタイルだった。写真は「北斗」のヘッドマークを付けたリバイバル国鉄色のキハ183系

定期券でも乗車できるようになっていたので、札幌への通勤客が目立っていたような気がします。当時から50キロまでの料金も設定されていたので、国鉄側も特急の通勤需要に考慮していたのでしょう。

昭和60年といえば民営化も視野に入り始めた時代だけに、増収へ向けて、旧来にはない柔軟なサービスの端緒だったのかもしれません。

8時55分、まだ通勤ラッシュが終わっていない札幌駅に到着。これまでの帰省旅行の思い出が去来するのかなと思いきや、まだ配属先が決まっていないモヤモヤ感があったせいか、感傷的な気分にはなれなかったようです。

そんなわけで、いったんは〝北海道の人〟に

戻ったものの、その4カ月後には再び東京へ戻るというオチが待っていました。配属先の空気に馴染めずに職場で揉めるようになり、早々に辞める決心をつけたのです。どうもお役所界の水は想像していた以上に私に合わなかったようで、周囲の猛反対を押し切って再上京。このときは、札幌10時18分発の普通128列車を函館まで乗り通し、本州側は特急「はつかり」と東北新幹線の乗継ぎとなりました。

札幌～函館間が普通列車になった理由ははっきり覚えていませんが、単に時間的なタイミングがよかっただけだったのかもしれません。車窓を眺めていても、モヤモヤした気分が晴れず、この選択が正しかったのかどうか自問しながらの旅になったようです。

結局、再上京後に札幌へ帰ることができたのは平成になってからなので、この旅が定期便としては最後の青函連絡船乗船となりました。青函連絡船の廃止は、この旅のおよそ2年後、昭和62年の春に発表されています。

ちなみに、青函連絡船は津軽海峡線が開業した昭和63年3月に廃止となっていますが、この年の夏には、青函トンネルの開通を記念して、「青函博」(注)が開催された関係で、青函連絡船がリバイバル運航されました。当時、『鉄道ダイヤ情報』誌の編集部に在籍していた私は、津軽海峡線沿線を取材する機会に恵まれたため、このときが本当に最後の青函連絡船乗船となったのです。そして青函博が終了した9月、青函連絡船は完全に終航しています。

（注）▼青函博……正式には「青函トンネル開通記念博覧会」と言い、昭和63年7月9日から9月18日まで、函館と青森周辺で開催された。青函連絡船は6月3日から「羊蹄丸」と「十和田丸」がリバイバル運航され、夜間係留中は宿泊施設としても開放された。

Column

北海道連絡のユニーク列車（本州内列車・上野〜札幌直通列車篇）

■特急「はつかり51号」（上野〜青森）——時刻表には掲載されなかった幻の特急

上野と青森を結ぶ特急の代表格といえば、昭和33年（1958）10月から運行を開始した「はつかり」。この当時は、岩沼以南を常磐線経由で運行していましたが、昭和43年10月のダイヤ改正で583系に置き換えられたのを機に、東北本線経由に変更されました。

ただし、この置換えは改正前の9月にすでに実施されており、常磐線経由のまま583系の「はつかり」が運行されました。昭和45年8月に運行された「はつかり51号」は、それ以来、およそ2年ぶりに常磐線を走る「はつかり」となったのです。

加えてこの列車、全国版の時刻表にも掲載されなかった〝幻の列車〟でもありました。昭和45年は、大阪の千里丘陵で空前絶後の「日本万国博覧会」が開催されており、夏休み期間中は日本全国から見物客が押し寄せていました。国鉄でも、予備車を動員してのフル輸送態勢をとっており、「はつかり51号」は日中の車両検査時間を捻出してまで設定されました。しかも、それはあまりに急だったため、時刻表掲載の締切に間に合わなかったのです。

通常、国鉄の臨時列車は四半期ごとに設定され、7～9月に設定される夏の臨時列車は5月下旬頃に発表されるのが常でした。「はつかり51号」が時刻表に掲載されなかったのは、発表の後に設定されたこと、運転日が8月16日から25日までと非常に短期間であったことが理由と思われます。その代わり、上野駅などでは「はつかり51号」を運行する旨の貼り紙が大きく掲げられていました。

この列車は昭和45年度の冬シーズンにも運行されていますが、東北本線経由の定期「はつかり」と紛らわしいため「常磐はつかり」に改称。昭和46年度の春シーズンに運行された際は東北本線経由に改められています。

■急行「北海道第一観光」（上野～青森）――本来は団体列車だったが、のちに一般列車に

昭和43年頃の時刻表を読んでいると、上野～青森間の臨時急行や季節急行に「団体で満員となる場合があります」という注記を見かけることがあります。団体客向けには団体臨時列車を設定するのが筋なのですが、国鉄の場合、15人以上からが団体の範疇に入るため、小口団体は一般列車に混乗させていました。

しかし、それなら定期列車でもよいわけですから、わざわざ特定の臨時列車にこのような注記

を加える必要はありません。これにはどうも列車の出自が関わっているようです。

　昭和36年3月、国鉄は小規模な団体向けに周遊モデルプランをつくり、それに沿って列車を組み込む「座席指定観光団体専用列車」を設定しました。昭和36年といえば、10月から上野～札幌間を特急だけで行き来できるようになっていましたが、それでも首都圏から北海道は遠い場所であることに変わりはなく、1回の周遊旅行で2週間程度かかることはざらでした。そこで、面倒な旅行プランを組むことなく、国鉄が勧めるコースと列車で旅行する商品が考え出されたのです。

　その一翼を担っていたのが「東北・北海道観光団体専用列車」で、昭和30年代後半の時刻表には、東北本線や常磐線のページの巻末にこの列車の時刻が掲載されていました。団体列車が市販の時刻表に掲載されるのはおかしいのですが、国鉄としては、観光商品をアピールする狙いがあったのでしょう。

「東北・北海道観光団体専用列車」は、乗客の大半が北海道を目指しているという実態に合わせて、昭和40年10月のダイヤ改正から「北海道第一観光」に改称されましたが、昭和42年10月のダイヤ改正では一般列車の「第1おいらせ」に変更され、「団体で満員となる場合があります」の注記が掲載されるようになりました。しかし、翌年10月のダイヤ改正では常磐線を経由する上野～青森間の急行がすべて「十和田」に統一されたため、下りの「十和田3号」と上りの「十和田4号」に注記が付けられるようになっています。

■421・422列車（上野〜青森）——最後まで残った上野〜青森間の鈍行列車

国鉄の長距離普通列車は、昭和36年10月のダイヤ改正を機に削減傾向となり、上野〜青森間を東北本線・常磐線経由で運行する普通列車は、昭和43年10月のダイヤを機に消滅してしまいました。

しかし、奥羽本線を経由する421・422列車だけは存続し、上野〜青森間最後の鈍行列車として昭和46年10月のダイヤ改正までしぶとく残っていました。その運行距離は756・6キロで、末期のダイヤは下り421列車が上野22時39分発、青森21時56分着、上り422列車が青森6時29分発、上野4時36分着。全区間の所要時間はおよそ22〜23時間という猛烈な長丁場でした。

この列車が残っていたのは、上野と山形県内の間が夜行運転となっており、当時運行されていた急行「津軽」の補完を兼ねていたからでした。それだけに、お盆や年末年始の繁忙期には、上野駅の混雑を避けるために下りが品川発となっていたこともあったほどで、昭和43年10月のダイヤ改正までは現在のグリーン車に相当する1等座席車も連結されていました。

この列車を北海道連絡列車と言うには語弊があるかもしれませんが、それでも上下とも青函連絡船の深夜便に接続しており、北海道側でも普通列車を利用すれば、上野〜札幌間は39〜41時間程度で移動できました。もっともこれは、終戦直後の水準に匹敵する鈍足ぶりで、私が体験した昭和50年代後半の鈍行乗継ぎ旅より5時間以上も遅いものです。普通列車といえども、10数年間でこれだけのスピードアップがなされていたわけです。

■「カートレイン北海道」と「MOTOトレイン」（上野～函館、札幌）――車やバイクを貨車で輸送

国鉄末期には、分割・民営化を睨んださまざまな施策が試みられました。そのなかでも、昭和60年7月から恵比寿～東小倉間で運行を開始した「カートレイン」は、自動車とドライバーを同時に輸送する画期的な列車として話題を呼びました。当然、首都圏から九州までとほぼ同じ距離に位置する北海道向けの列車も待望されるようになり、津軽海峡線が開業した後の昭和63年7月からは、恵比寿～白石間で「カートレイン北海道」が運行を開始しました。

津軽海峡線の開業に際しては、「北斗星」より首都圏と北海道の間をカートレインで結ぶ構想が先に進んでいたようで、国にも答申されたほどでした。当時の新聞紙上でも「青函カートレインこそ青函トンネルを活かす道」という論調が強かったようで、それだけに、「カートレイン北海道」は「北斗星」以上に津軽海峡線における期待の星だったのかもしれません。

運行は「ワキ10000形」と呼ばれる9両の貨車に自動車を積み込み、ドライバーは3両連結されたB寝台車に乗車するスタイルで、貨車は安全確保のため、常に最後部に連結されていました。そのため、途中で編成が逆となる青森駅には寄らず、青森信号場から直接津軽海峡線に入る運行形態が採られていました。北海道側でも函館駅に寄ると編成が逆となるため、五稜郭から直接函館本線へ入っていました。

期待されていた「カートレイン北海道」でしたが、積込み前に自動車のガソリンを最小限にする必要があったこと、RV車やLPG車、3ナンバー車などが積み込めないことなどが嫌われて、次第に利用者が減るようになり、平成9年（1997）の夏が最後の運行となりました。それ以

「カートレイン北海道」の自動車積込み風景

「MOTOトレイン」のバイク積込み風景

後は、東青森〜白石間で「カートレインさっぽろ」と言う列車が運行されていたものの、平成11年夏のみの運行に終わっています。

一方、北海道行きならではのユニークな列車として、「マニ50形」と呼ばれる荷物車にバイクを積み込む「ＭＯＴＯトレイン」も運行されていました。こちらは国鉄末期の昭和61年夏から運行を開始しています。

マニ50形は、上野〜青森間では急行「八甲田」に連結、青森〜函館間では青函連絡船に積み込まれ、ドライバーは「八甲田」に連結された寝台車や連絡船に〝便乗〟していました。青函連絡船廃止後の青森〜函館間では快速「海峡」に連結されるようになっています。

北海道では、バイクによるツーリングが盛んに行なわれているので、それを狙った独特の列車と言えましたが、平成10年限りで臨時「八甲田」が運行を終了したのと同時に姿を消しています。

■特急「北斗星ニセコスキー号」（上野～札幌）――有珠山噴火の副産物

昭和63年3月改正で誕生した上野～札幌間の寝台特急「北斗星」は、長万部～札幌間で室蘭本線・千歳線を経由していました。しかし、臨時列車では、倶知安・小樽を経由する北回りの、いわゆる〝山線〟ルートを経由する「北斗星」も存在していました。それが「北斗星ニセコスキー号」で、平成12年～14年（2000～2002）度の冬シーズンに運行されていました。

編成はおもにJR北海道の臨時「北斗星」編成が使用され、JR北海道ではただ1両しかなかった全室ロビーカー（オハ25 551）が連結されていました。

この列車が設定されたのは、平成12年3月に発生した有珠山噴火が背景にありました。

この噴火では、室蘭本線長万部～東室蘭間を運行するすべての列車が運休を余儀なくされ、「北斗星」の一部や「カシオペア」「トワイライトエクスプレス」といった本州～北海道間の特急が山線ルートに迂回せざるを得なくなりました。ところが、山線では昭和61年11月のダイヤ改正で優等列車の運行がなくなっていたため、線路設備がローカル線並になっていた点が問題になりました。

そこで、ATS（自動列車停止装置）を長大編成向けのものに交換する工事や、一度撤去されていた交換設備を復活させる工事が施されました。有珠山噴火による迂回運転は平成12年6月に終了しましたが、復活した設備を撤去するわけにもいかず、その活用を狙って「北斗星ニセコスキー号」のような列車が設定されたわけです。

長万部～小樽間は1～2両の普通列車が運行されているだけなので、1本の臨時列車を運行し

豪雪地帯の倶知安駅に停車する下り「北斗星ニセコスキー号」

てもさほど支障は出ませんでしたが、小樽〜札幌間は快速列車や普通列車が10数分ごとに運行されている過密区間であったので、「北斗星ニセコスキー号」がダイヤに割り込むことは難しく、やむなく下り列車の小樽では20数分停車することになりました。この間、札幌方面への快速が先行して発車するため、そちらに乗り換えれば「北斗星ニセコスキー号」より早く札幌に着くことができる珍現象も発生しました。

第三章

津軽海峡線開業後の鉄タビ

「北斗星」「はまなす」の陰で東北夜行の存在感が薄くなる

国鉄が分割民営化された後の昭和63年（1988）3月、北海道にとっては念願ともいえる青函トンネルを含む津軽海峡線が開業しました。これにより、上野～札幌間に寝台特急「北斗星」3往復、青森～札幌間に急行「はまなす」1往復が誕生。青函連絡船は廃止されることになり、代わってその役割を果たす快速「海峡」が8往復設定されました。また、これまで盛岡～青森間で運行されていた特急「はつかり」は2往復が津軽海峡線経由で函館まで乗り入れることになりました。

「はつかり」には青函トンネルの通過に必要なATC-L(注)（自動列車制御装置）を備えた485系特急型電車が使われていましたが、同車は8年ぶりの北海道復帰となりました。ここからは、津軽海峡線開業後に大きく様変わりした東京～札幌間の鉄タビについて触れたいと思います。

「北斗星」の誕生は、上野～札幌間の鉄タビに革命をもたらしたと言ってよいでしょう。同区間の所要時間はおよそ16時間で、昭和57年11月改正時に実現した昼行特急による日着圏移動とほぼ同じですが、横になったまま乗換えなしで移動できるメリットは計り知れませんでした。

急行「はまなす」は青森～札幌間の夜行急行ではありますが、左表のように、下りでは「やまびこ19号」～「はつかり25号」のリレーを受けており、札幌着は改正前より3時間近く早い6時18分となっています。上野を「北斗星1号」より1時間近く遅く出て、札幌には2時間以上早く到着できるダイヤは、実用派に大いに重宝されました。

■「はまなす」を利用した渡道

上野からの営業キロ	列車番号		19B	1025M	201	1
	種別		幹	特急	急行	特急
	列車名		やまびこ19号	はつかり25号	はまなす	北斗星1号
0.0	上野	発	1744	…	…	1650
531.7	盛岡	着	2024	…	…	2330
	盛岡	発	└	2032	…	2332
735.6	青森	着	…	2243	…	↓
	青森	発	…	└	2255	↓
1214.7	札幌	着	…	…	618	853

「北斗星1号」より54分遅く上野を出発し、札幌に2時間35分も早く到着できた「やまびこ」～「はつかり」～「はまなす」の実用的な乗継ぎ。「北斗星1号」は参考

さらに、昼行特急の乗継ぎによる日着パターンは、改正前より1パターン増え、3パターンになっています【130ページ表】。下りでは上野10時44分発の「やまびこ15号」に乗れば、札幌には22時45分に到着します。昭和57年11月のダイヤ改正時と比べると、上野を3時間近く遅く出ても、札幌には33分早く到着できるようになったわけで、東北新幹線もさることながら、津軽海峡線による青函間のスピードアップがいかに絶大であったのかがわかります。

一方、長年、北海道連絡の本州側の担い手となっていた上野～青森間の列車は存在感が薄くなっています。

■63.3改正前後の日着列車の比較（下り）

改正前

上野	531.7km	盛岡	203.9km	青森	113.0km	函館	318.7km	札幌
	やまびこ31号	9:21	はつかり3号	11:57	青函3便	16:05	北斗13号	21:11
6:00		9:31		12:10		17:12		
	やまびこ21号	12:26	はつかり9号	14:47	青函5便	18:50	北斗15号	22:58
9:40		12:34		15:00		19:00		

改正後

（快）=快速

上野	531.7km	盛岡	203.9km	青森	160.4km	函館	318.7km	札幌
	やまびこ1号	10:24	はつかり5号			14:51	北斗11号	18:44
7:52		10:32				15:00		
	やまびこ11号	11:24	はつかり7号	13:52	（快）海峡9号	16:48	北斗13号	20:38
8:44		11:34		14:03		17:00		
	やまびこ15号	13:24	はつかり11号	15:57	（快）海峡13号	18:42	北斗15号	22:45
10:44		13:34		16:11		18:57		

63・3改正当時の時刻表を見ると、連絡早見表に載っている下り列車は、東北本線経由の特急「はくつる」、常磐線経由の特急「ゆうづる3号」、東北本線経由の急行「八甲田」のみ。「はくつる」は改正前まで2往復ありましたが、1往復が「北斗星」にダイヤを譲る形で消滅しています。

上野発最終の「北斗星5号」を逃しても、まだふたつの北海道連絡パターンが残されていたのは心強い限りでしたが、「八甲田」と「ゆうづる」は平成5年（1993）12月のダイヤ改正で廃止。「八甲田」は臨時列車として残りましたが、平成10年が最後の運行となりました。この時点で、東北本線を経由する上野～青森間の優等列車は「はくつる」のみとなりましたが、こちらは東北新幹線が八戸まで延伸した平成14年12月改正で廃止。以後、東北本線を通過する優等列車は、「北斗星」2往復と

「カシオペア」のみとなりました。

ちなみに、この改正では、整備新幹線として建設された東北新幹線盛岡～八戸間の開業と引換えに、東北本線盛岡～目時《めとき》間がＩＧＲいわて銀河鉄道、目時～八戸間が青い森鉄道に転換されています。

現在の急行「はまなす」。運転開始当初と同じ14系客車が使用されているが、北海道新幹線開業前に廃止されることになっている

津軽海峡線の開業は、東京～札幌間を移動するうえで劇的に便利になった反面、周遊券などのトクトクきっぷを利用していた人にとっては、本州側の列車の選択肢が一層狭まることになりました。ワイド周遊券を利用する場合、実質的に使えるのは東北本線経由の急行「八甲田」と奥羽本線経由の急行「津軽」のみ。往路と復路で同じ列車というのはいささか芸がないということで、下りは「津軽」、上りは「八甲田」という使い方をしたこともありました。「津軽」を下りに

選んだ理由は、上りの青森発を基準に乗継ぎパターンを逆算すると、札幌発が8時台となり、朝が苦手な私には辛かったこと、上りの青森発が15時54分と夜行列車としては早過ぎてピンと来なかったことでした。

ただ、一度だけ上りの「津軽」を狙って乗ったことがありました。平成2年9月のダイヤ改正で、「津軽」は山形新幹線の建設に伴う奥羽本線の標準軌化工事のため、山形～福島間を仙山線・東北本線経由で運行されるようになったからです。このときは、14系客車から仙山線に入線実績のない583系に置き換えられたので、昼間状態の同系に夜行で乗車できるおもしろさもありました。

もっとも乗車してみると、不通区間を迂回運転をするようなものだったので、仙山線内での客扱い停車駅はなし。重複する北山形～山形間をスイッチバックで行き来した程度しか印象に残っていません。むしろ、仙台～上野間が夜行列車としての有効時間帯に入っていたため、かなり利用が多かったことを覚えています。仙台～上野間は急行「八甲田」も利用できましたが、上りの仙台発が1時台だったので、東北新幹線の上り最終を逃した層には0時台に発車する「津軽」が早く接続するぶん好都合だったのかもしれません。

「津軽」は山形新幹線開業後も存続し、平成5年10月には485系に置き換えられましたが、この年の12月には定期列車としては廃止。臨時列車としては平成9年度が最後の運行となっています。

（注）▼ATC－L……青函トンネルは、最初から新幹線規格で建設された関係で、車内信号装置を持つATCも東北・上越新幹線のそれと共用できるL型が採用された。しかし、北海道新幹線開業後は、全面的に東北新幹線で使われているデジタル式のATC「DS－ATC」が使われることになり、ATC－Lは過去の方式となる模様だ。

2夜行になった東京〜札幌間の鈍行乗継ぎ旅

東京〜札幌間の移動ではなにかと便利になった昭和63年（1988）3月のダイヤ改正。しかし、私が「青春18きっぷ」を使って国鉄末期によく行なっていた鈍行乗継ぎには受難の改正となりました。

国鉄末期の鈍行乗継ぎでは、キーとなっていた青函連絡船の深夜便が廃止。下りの場合、早朝に上野から普通列車を乗り継いでも青森で足止めを食ってしまうことになりました。そうなると、青森で宿泊するか、青森から函館までは急行「はまなす」を使うしか手がなくなりましたが、この列車は急行なので「青春18きっぷ」の場合は急行券のほかに乗車券も必要になります。「はまなす」を利用した場合、函館着は1時13分。函館で接続する普通列車は6時8分発の長万

津軽海峡線開業後に運行を始めた札幌～函館間の快速「ミッドナイト」。平成12年まではキハ27形で運行されており、写真のようにお座敷車が増結されることもあった

部行き641Dまでありません。当時は深夜でも函館駅が開放されていたので、野宿は避けられましたが、あまり現実的な乗継ぎとは言えなかったようです。

641Dは、私が国鉄時代に乗車した旭川行き121列車の〝末裔〟で、長万部から小樽行き2531D、小樽から千歳空港行き3786M（快速「マリンライナー」）に乗り継げば、121列車と同じく15時台に札幌に到着することができました。

このように青森～函館間で必要となる運賃・急行料金3800円に目を瞑れば、上野～札幌間の大半の区間を鈍行で移動することができたわけですが、1日2000円余りで移動できる「青春18きっぷ」の利用者にしてみれば、途中で急行を使うのはシャクだったでしょう。

　そんな人たちに少しだけ朗報だったのが、昭和63年7月、札幌～函館間で運行を開始した臨時快速「ミッドナイト」でした。

「ミッドナイト」は高速バスに対抗するために生まれた夜行列車で、「キハ27形」と言う北海道タイプの急行型気動車をカーペット敷きの車両とリクライニングシート付きの車両に改造して運行していました。にもかかわらず全車が普通車指定席となったので、「青春18きっぷ」で利用する場合は、指定席券のみ購入すればよかったのです。

「ミッドナイト」の登場により、津軽海峡線～奥羽本線～羽越本線を乗り継ぎ、村上～新宿間で運行されていた快速「ムーンライト」（後の「ムーンライトえちご」）とつながれば、津軽海峡線開業後では初めて東京～札幌間の鈍行乗継ぎが可能になると思われました。

「ミッドナイト」と「ムーンライト」は通過駅がある快速なので、厳密には鈍行とは言い難いのですが、快速も普通列車の一種ですし、特急・急行のように追加の乗車券も必要になる列車ではありません。それに、かつてのグリーン車のような設備を「青春18きっぷ」で利用できるようになったわけですから、歓迎した人は多かったでしょう。

　ところが、この乗継ぎは、上下とも秋田で奥羽本線と羽越本線の接続が悪かったため、しばら

■平成5年の鈍行乗継ぎルート（上り）

札幌からの営業キロ	列車番号		3980D	3122	658M	556M	846D	3952M
	種別		快速	快速	普通	普通	普通	快速
	列車名		ミッドナイト	海峡2号				ムーンライト
0.0	札幌	発	2330	…	…	…	…	…
318.7	函館	着	630	…	…	…	…	…
		発	└	753	…	…	…	…
479.1	青森	着	…	1026	…	…	…	…
		発	…	└	1328	…	…	…
664.9	秋田	着	…	…	1654	…	…	…
		発	…	…	└	1712	…	…
769.7	酒田	着	…	…	…	1907	…	…
		発	…	…	…	└	1959	…
877.2	村上	着	…	…	…	…	2217	…
		発	…	…	…	…	└	2220
1268.9	新宿	着	…	…	…	…	…	510

く実現しませんでした。かろうじて、下りは青森を20時台に発車する快速「海峡」の臨時便を利用すれば、函館で「ミッドナイト」に接続できましたが、臨時「海峡」の運行日はきわめて少なかったため、いつでも利用できる乗継ぎではありませんでした。

東京～札幌間で「青春18きっぷ」だけの乗継ぎが実現したのは、平成5年（1993）12月のダイヤ改正からでした。奥羽本線の普通列車が電車化され、秋田での乗継ぎが改善されたためで、上りで上表のプランが可能となりました。所要時間はおよそ30時間で、移動は2夜行。まさに体力勝負です。「ミッドナイト」では、0時を過ぎて最初に客扱い停車する駅が終着駅だったため、上りでは、東京～大垣間の夜行普通列車（通称「大垣夜行」）のように、あらかじめ短距離の切符を購入して、「青春18きっぷ」の消費を1日浮かすという手を

村上～新宿間の夜行快速「ムーンライト」（後の「ムーンライトえちご」）に使われていた165系電車。写真は「SLばんえつ物語」が新津発着で運行されていた時代に、新潟～新津間の「SLリレー号」として使用されていたときのもの

使えなかったのが残念でした。そのため、「青春18きっぷ」が3日分必要になりました。

下りの場合は、「ムーンライト」の0時を過ぎて最初に客扱い停車する駅が高崎だったので、東京山手線内～高崎間の乗車券1850円（平成5年当時）を別途購入、「ミッドナイト」側は0時を過ぎても札幌まで客扱い停車しない関係で、前日からの「青春18きっぷ」を継続利用できたので、1日分で収まりました。そんなこともあり、この乗継ぎは下りでよく利用した覚えがあります。

もっとも、東京山手線内～高崎間の運賃は「青春18きっぷ」1枚当たりの値段より若干安い程度だったので、「ムーンライト」に乗車する前に、東京側で他の列車を乗りつぶしておけば、2日分消費しても十分元は取れましたが。

「ミッドナイト」は繁忙期に自由席を連結することがあり、その場合は指定席券なしで乗車できました。おまけに、通常は新札幌だけだった途中の客扱い停車駅が増えるため、上りでは千歳までの乗車券（平成５年当時で７２０円）を別途購入するだけで「青春18きっぷ」の消費を節約できました。

逆に、下りの場合は、０時を過ぎて最初に客扱い停車する駅が森になるため、森から先は「青春18きっぷ」がもう1日分必要になりました。ただ、これは自由席に乗る場合で、指定席は札幌まで客扱いを行なわないため、自由席連結期間の「ミッドナイト」で「青春18きっぷ」を有効に使うには、上りは自由席、下りは指定席に乗ることがコツになっていました。

この乗継ぎは、平成14年12月のダイヤ改正で「ミッドナイト」が廃止されたため不可能となり、東京〜札幌間の鈍行乗継ぎは再び分断されることになりました。本州側の「ムーンライト」も平成26年を最後に運行されなくなり、ハードな2夜行の旅は語り草となりました。

その代わり、平成14年12月からは「青春18きっぷ」と似たような効力を持った切符で、ＪＲ北海道エリアとＪＲ東日本エリアの普通列車と一部の私鉄や第三セクター鉄道を利用できる「北海道&東日本パス」が発売されるようになりました。この切符は、東京〜青森間の鈍行利用を意識したのか、青森〜札幌間は急行「はまなす」を自由席に限り利用できました。現在は「はまなす」

の急行料金が必要とされており、新青森〜函館間では普通車自由席に限り、特急券の購入のみで特急を利用できるようになっています。

ただし、北海道新幹線が開業すると、青函間を走る旅客列車は新幹線のみとなり、「はまなす」は廃止。蟹田〜木古内間に設定されていた「青春18きっぷ」の特例(注)利用もなくなりますが、代わりに「青春18きっぷ」向けに奥津軽いまべつ〜木古内間で新幹線を利用できる「青春18きっぷ北海道新幹線オプション券」(注)が発売されることになっています。

また、「北海道&東日本パス」については、新青森〜新函館北斗間で別途、特定特急券を購入すれば新幹線の普通車が利用できるようになります。

（注）▼**特例利用**……「青春18きっぷ」は、基本的に普通列車の普通車自由席のみを利用できる切符で、特急・急行を利用するには乗車券と料金券が必要となる。しかし、なかには普通列車が運行されていない区間が存在するため、当該区間のみを利用する場合は、普通車自由席に限り特急に乗車できる特例が設けられている。東京〜札幌間では、津軽海峡線蟹田〜木古内間が該当するが、北海道新幹線開業後は在来特急列車が廃止となるため、同区間の特例は廃止されることになっている。
▼**「青春18きっぷ北海道新幹線オプション券」**……「青春18きっぷ」との同時使用を条件に北海道新幹線奥津軽いまべつ〜木古内間と道南いさりび鉄道木古内〜五稜郭間の普通車を片道1回利用できる切符。発売額は2300円（大人・子供同額）。

フェリーを絡めた東京~札幌間の鉄タビ

平成5年（1993）3月のダイヤ改正では、ワイド周遊券だけで渡道できる列車だった上野~青森間の急行「八甲田」「津軽」が廃止。いずれも繁忙期のみに運行する臨時列車に格下げとなってしまいました。臨時列車として残っていた「十和田」「おいらせ」といった急行も廃止となり、上野~青森間で常時利用できる長距離列車は寝台特急「はくつる」しかない状況になってしまいました。

この相次ぐ急行の廃止で、ワイド周遊券で利用できる列車の選択肢は一気に狭まり、臨時急行が運行される期間以外は特急料金が必要になりました。唯一残った「はくつる」は2往復となり、平成5年から約1年間は「八甲田」廃止の救済的な意味で普通車指定席が連結されましたが、平成6年12月のダイヤ改正以後は定期1往復の寝台列車となったため、寝台料金も必要になりました。上野~青森間のB寝台料金と特急料金は上野~札幌間と同額のため、平成6年以降は札幌まで行く人は、好むと好まざるとに関わらず、「北斗星」を利用せざるを得ませんでした。

ところが、ここで救いの神的な切符が現れました。たまたま池袋駅を歩いていて発見した「東京・札幌往復割引きっぷ」と言うトクトクきっぷでした。使用済みの元券が手元にないので、は

■北海道と本州を結ぶフェリー航路（平成10年）

会社	区間	所要時間	2等運賃	備考
ブルーハイウェイライン	苫小牧〜大洗〜東京	30時間	10800円	所要時間・運賃は苫小牧〜東京間
太平洋フェリー	苫小牧〜仙台〜名古屋	14時間45分	7600円	所要時間・運賃は苫小牧〜仙台間
新日本海フェリー	小樽〜新潟・敦賀・舞鶴	19時間	5250円	所要時間・運賃は小樽〜新潟間
東日本フェリー	室蘭〜直江津	16時間30分	5250円	
	岩内〜直江津	18時間	5250円	
	室蘭〜大洗	19時間15分	9750円	
	苫小牧〜仙台	16時間30分	7600円	
	苫小牧〜八戸	7時間30分	3970円	川崎近海汽船と共同運航
	室蘭〜青森	7時間	3460円	
	室蘭〜八戸	8時間	3970円	
	函館〜青森	3時間50分	1420円	
	函館〜大間	1時間40分	1010円	

っきりした発売額を覚えていませんが、2万5000円前後だったと思います。この切符はなぜか「JR時刻表」にも掲載されていないトクトクきっぷでしたが、「北斗星」の個室を除くB寝台を利用でき、東北新幹線との乗継ぎも可能になっていました。

当時、帰省でよく利用していた「道南ワイド周遊券」は、東京都区内から2万8840円でしたから、単純に札幌を往復するだけなら、「北斗星」を利用できる「東京・札幌往復割引きっぷ」が断然お得でした。もし、「道南ワイド周遊券」で「北斗星」を利用したとすると、さらに1万円程度余計にかかりますから、「東京・札幌往復割引きっぷ」はまさに願ったりかなったり的な存在でした。ただし、ゴールデンウィークやお盆、年末年始は利用できなかったので、会社の夏季休暇を利用した帰省でしか使った記憶がありません。

さて、話は変わりますが、私は思うところがあって平成8年からフリーになり、札幌へ戻ることになりました。これで学生時代から長く続いた東京〜札幌間の移動も正真正銘の終わりになるのではないか？　と思いきや、フリー転身2年目あたりから仕事の関係で東京への移動が増え出しました。

ただ、会社員時代と違い、フリーは安定した収入がないですし、与えられた予算のなかで利益を出すには、少しでも交通費を節約する必要があります。すでに「東京・札幌往復割引きっぷ」のような格安切符はなくなっていたので、鉄道はもっとも高い乗り物になっていました。そこで編み出したのがフェリーを絡める旅でした。

平成10年当時、北海道と本州を結ぶフェリーには141ページの表の航路がありました。所要時間が一番長かったのは、ブルーハイウェイラインの苫小牧〜東京航路で30時間。これに港へのアクセスを加えると34時間程度になっていたでしょうか。昭和20年代後半の鉄道乗継ぎに匹敵する時間です。

この航路を利用する場合、札幌〜苫小牧港間は北海道中央バスの連絡バスかJRと苫小牧市営バスの乗継ぎ、東京フェリーターミナル〜東京都心間は最寄りの新木場駅から営団地下鉄（現・

かつて東京と苫小牧を30時間で結んでいた、ブルーハイウェイラインの「さんふらわあつくば」

東京地下鉄）有楽町線またはJR京葉線を利用するパターンだったので、鉄路が占める割合を最小限に留めることができました。この航路は平成11年から大洗発着のみとなったため、東京〜水戸間は常磐線か高速バス、水戸駅〜大洗フェリーターミナル間は茨城交通の路線バスを利用するようになりました。

ブルーハイウェイラインの場合、上り便は東京着が夕方となる関係で、到着しても1日を有効に使えなかったことから、もっぱら苫小牧早朝着の下り便を使っていました。東京への往路は、ブルーハイウェイラインよりは多少割高になりますが、新潟着が早朝となる小樽〜新潟間の新日本海フェリーと上越新幹線の乗継ぎが有効で、東京には8時台に到着することができました。港へのアクセスを含む札幌〜東京間の所要時間はおよそ24時間でしたから、ほぼ昭和30年代前半の鉄道乗継ぎに匹敵します。

新日本海フェリーよりは若干不便になりますが、同じ日本海側で運航されていた室蘭・岩内〜直江津間の東日本フェリーを利用するのはかなりの裏技でした。盆暮れでも満員になることはまずなく、平日はまさにガラガラ状態。ベッドタイプの特2等を取らなくても、2等桟敷席をひと部屋余裕で占領できました。

この航路も、もっぱら下り便を利用していました。直江津の出航が23時55分なので、東京からは19時過ぎの上越新幹線か長野新幹線（現在の北陸新幹線で、当時は「長野行新幹線」と呼称）に乗れば間に合い、ひと仕事終えてそのまま帰路につくこともできました。直江津駅と直江津港の間は、すでに路線バスの最終便が出た後なのでタクシー利用となりましたが。北海道側は岩内航路が北海道中央バスと連絡。室蘭航路は室蘭フェリーターミナルと室蘭駅の間が近いため徒歩で駅まで行き、そこからJRの特急「すずらん」か北海道中央バスの「高速むろらん号」に乗り継いでいました。

一方、珍しいところでは、東京〜八戸間の高速バスと八戸〜苫小牧間航路の乗継ぎもしています。高速バスのバス停はJR本八戸駅に近いのですが、そこからフェリー乗り場までは距離にし

「さんふらわあつくば」の2等桟敷席。フェリーはのびのびと身体を伸ばせて移動でき、しかも安価なので、鉄道移動の選択肢が狭くなった時代には重宝した

ておよそ5キロ。早朝に高速バスからフェリーに乗継ぐ客を想定していないせいか、港への連絡バスはありません（現在は夜行便に連絡するバスあり）。当時はGPSを搭載したスマートフォンもなく、港への徒歩連絡は手探り状態でした。

フェリーの運航距離が短いとそれだけ鉄路のウェイトが増えるため、「青春18きっぷ」を使えるケースでなければ旅費の低減効果は薄くなります。そのため、東京行きで函館〜青森といった短距離航路を使うことはありませんでした。

函館〜青森間航路は、一度だけ東北旅行で使ったことがありますが、函館フェリーターミナルはJR七重浜駅が最寄りで、そこから1・5キロほど歩かされました。対岸の青森港フェリーターミナルもJR青森駅から5キロほど離れた沖館と言う場所にあり、函館、青森両岸とも鉄道連絡で不便を強いられます。トラックがおもな客で徒歩客は所詮おまけですから仕方がありませんが、改めて、街の中心と中心を結ぶ青函連絡船の便利さがわかりました。

なお、現在、青函間のフェリーは津軽海峡フェリーと青函フェリーが運航していますが、前者は七重浜駅に近い函館フェリーターミナル、後者は五稜郭駅に近い青函フェリーターミナルに発着しています。

フェリーの旅は安上がりなうえに、疲労度が少ないというメリットもあります。深夜に出港する便の場合、乗船するとすぐに風呂に浸かり就寝。新日本海フェリーの新潟行き航路は到着が早朝となるため少し辛いですが、それ以外は午後または夕方に到着する便がほとんどなので、食事の後に昼寝をして、また風呂に入って、デッキで潮風にあたるという、鉄タビでは考えられないほど優雅かつ安価な旅ができ、すっかりはまってしまいました。

しかし、2000年代に入ると海運業界の不振が深刻となり、穴場だった東日本フェリーの岩内~直江津航路は平成12年、室蘭~直江津航路は平成19年に廃止。ブルーハイウェイラインは平成13年に解散となり、航路は商船三井フェリーが承継しています。

「北斗星」の〝ロイヤル〟で東京〜札幌間の鉄タビ史上、最高の夜に

フリー生活も10年が経過すると、ようやく収入も上向き始め、懐具合が豊かになりつつありました。とはいえ、収入が安定していないことには変わりはないので、「懐具合がよいうちにぜひ乗っておきたい！」と思っていたのが、「北斗星」のA個室〝ロイヤル〟でした。それが実現したのは平成17年（2005）の10月。「北斗星」が運行を開始してから、実に18年目のことでした。

〝ロイヤル〟の車内。ベッドはB寝台のように線路と直角に並ぶ。窓に向かうように車窓に広がる夜の風景を楽しむことができた

「北斗星」の〝ロイヤル〟というと1列車に4室しかない特別な部屋。当時の「北斗星」は定期2往復が運行されていましたから、片道あたり8室しかありません。とりあえず、みどりの窓口で〝ロイヤル〟が空席になっている日を見つけてもらい、それに合わせて出発するつもりでしたが、意外にあっさりと第一希望の日を取れて拍子抜け。

10月下旬という閑散期にあたっていたのも幸いだったのでしょうが、運行開始から17年も経過すると、さすがの「北斗星」も人気に陰りが出てきていたようです。平成11年7月から運行を開始していたオールA個室の寝台特急「カシオペア」に人気が集まっていたということもあるのでしょう。

とはいえ、なんだかんだと言っても天下の〝ロイヤル〟です。私の東京～札幌間鉄タビ史上、もっとも豪華で、かつ一生に一度の貴重な体験になるのでは？　と思うと、切符を購入した1カ月前からウキウキ気分に。その高揚感は、昭和48年（1973）春の初上京以来のものだったのかもしれません。

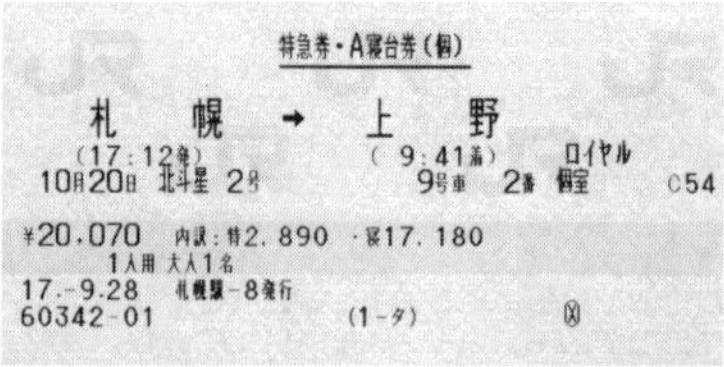
特急券・A寝台券（個）
札幌 → 上野
（17:12発）　（9:41着）　ロイヤル
10月20日 北斗星 2号　9号車 2番 個室　C54
¥20,070 内訳：特2,890 ・寝17,180
1人用 大人1名
17.-9.28 札幌駅-8発行
60342-01 (1-タ)

意外とあっさり取れた「北斗星2号」〝ロイヤル〟のチケット

平成17年10月20日、札幌から乗り込んだ「北斗星2号」の〝ロイヤル〟はオロハネ25 556。JR北海道が平成2年に増備した「北斗星」第二世代の〝ロイヤル〟です。側窓の上には富良野の風景をイメージしたステラリウムが付けられていて、照明を落とすと闇に絵が浮かび上がる趣向になっていました。残念ながら、この車両は「北斗星」が1往復化された平成20年3月のダイヤ改正で、〝ロイヤル〟にJR東日本車だけを使うよう

「北斗星」の〝ロイヤル〟で提供されたウエルカムドリンク

になったためにお役ご免となり、翌4月に廃車。現在はミャンマーへ渡っていますが、現地では運用されたことがなく、整備中となっているということです。解体されずに残っているだけでもマシかもしれませんが、じゅうぶんに活用されていないのは、なんとも複雑な気分です。

〝ロイヤル〟に乗車して最初に行なわれる儀式が、車掌の検札とウエルカムドリンクのサービス。検札では、鍵の使い方などがうやうやしく説明され、かつて青函連絡船のグリーン指定席で出迎えてくれたクルーを思い出しました。

ウエルカムドリンクは「おたるワイン」やウイスキーが氷と水付きで提供され、ちょっとしたバー気分に。ひとりでアルコールを飲むことはまずない私ですが、このときばかりは流れる闇にグラスを傾けながら、東京～札幌間の鉄タビ史上、最高の夜を味わうことができました。

ウエルカムドリンクの提供が終わってひととおり落ち着いたところで、隣のシャワールームをチェック。〝ロイヤル〟のシャワールームは左手に収納式のトイレと洗面台が、右手にシャワーがあり、限られたスペースを有効に活用しようという苦心の跡がうかがえました。シャワーは、ロビー室に併設されているものとまったく同じですが、1回の使用時間がロビー室のものより4分長く、水タンクが空にならない限り、何回も浴びることができるところも、「さすが〝ロイヤル〟」と唸ったものです。


せっかくの「北斗星」で部屋に留まるだけではもったいないので、21時以降に食堂車のパブタイムへ。私は野菜嫌いの偏食人間なので、ディナータイムより、かえってメニューを選べるパブタイムが好都合でした。〝ロイヤル〟のような個室ですと、開放B寝台車のように置いた荷物を気にする必要がなく、食堂車の雰囲気を心おきなく楽しめるのはありがたい限り。このときはイタリアンハンバーグセットを注文していました。正直、味は好みではありませんでしたが、もはや稀少価値となった食堂車の雰囲気を楽しめるだけでも御の字と思っていました。

パブタイムが終わると、いつしか津軽海峡線に入り、進行方向が逆に。「北斗星2号」は上り

「北斗星」の一番列車なので、青函トンネルを通過する時刻が早く、〝ロイヤル〟のベッドに寝そべりながら、青森まで車窓を眺めていた記憶があります。〝ロイヤル〟のベッドはB寝台と同じく線路と直角に配置されているので、頭を通路側に置くと、大きな窓に向かって、闇に浮かぶ空を眺める恰好になります。残念ながら星を見ることはできませんでしたが、その代わり、窓上には富良野のステラリウムが輝き、幻想的な気分に浸れました。

窓上に輝く富良野をイメージしたステラリウム

シャワールームの洗面台を開けたところ。この下にトイレの便座が収納されていた

翌朝は福島あたりで目が覚め、A個室だけの朝刊の配布がありました。個室以外のB寝台を利用していたときは、食堂車で朝食をとると、あとはロビー室でぼんやり過ごすことが多かったのですが、さすがに〝ロイヤル〟は次にいつ乗れるのかわかりません。「上野までとは言わず、このまま大阪なり、広島なり、九州なりへずっと走り続けてほしい」という思いで部屋に留まり、終点・上野まで過ごしました。

幸い、翌年春の大阪行きで「トワイライトエクスプレス」の〝ロイヤル〟に乗車。札幌への帰路には再び「北斗星」の〝ロイヤル〟に乗車しています。このときの「北斗星」は、JR東日本の〝ロイヤル〟でしたが、「オロハネ25形500番代」と言う、部屋が車端部にある初期の車両だったため、お世辞にも乗り心地がよいとは言えず、閉口したことを覚えています。この〝ロイヤル〟は、京都駅で乗車2日前に手に入れることができたのですが、おそらく、乗り心地が悪いことに気がついた人がキャンセルしたぶんだったのではないかと邪推していますが……。

実現するとは夢にも思っていなかった「カシオペア」の旅

平成11年（1999）7月、「北斗星」が3往復から2往復に削減された代わりに登場した新たな寝台特急が「カシオペア」でした。外観はシルバーの車体にカラフルなストライプが入った斬新なもので、寝台は2人用のA個室のみ。ラウンジカーと一部の平屋部分を除いてはすべて2階建てという、これまでの寝台特急の枠を打ち破るスタイルに、誰もが夜行列車の新たな時代が訪れたと思ったことでしょう。東京〜札幌間の鉄タビ史上、「北斗星」よりもインパクトがある列車でした。

函館に到着した上野行きの「カシオペア」

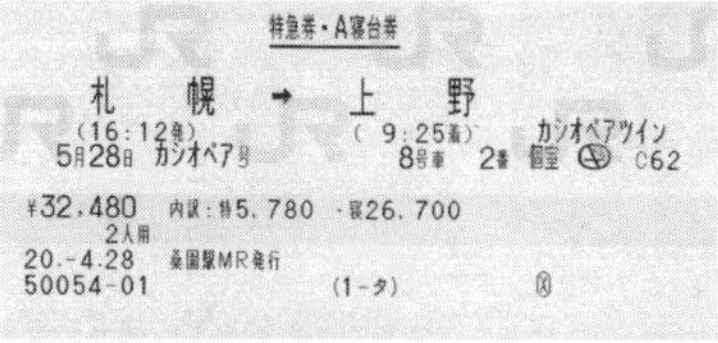

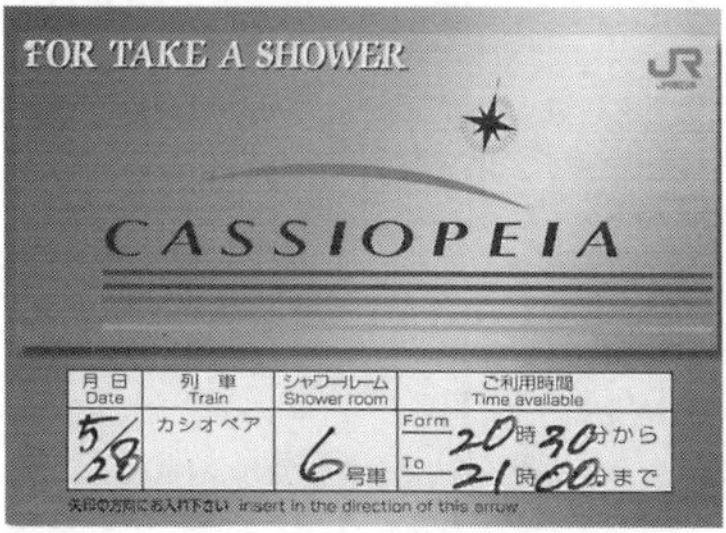

「カシオペア」のチケット（上）とシャワー券（下）

「E26系」と呼ばれる「カシオペア」用の車両が北海道内に上陸した当時、函館本線の小樽築港駅で一般向けの公開が行なわれましたが、そのときは自分には一生縁のない車両だろう……と思ったものです。それでも、上り列車の運行初日となった7月17日、札幌駅で女優の倍賞千恵子さんを1日駅長に迎えて行なわれた出発式に足を運んでいましたから、私の「カシオペア」に対する注目度は相当なものだったようです。

そんな「カシオペア」にようやく乗ることができたのは、運行開始10年目の平成20年。全車両が2人用なので、人間関係が希薄な自分には無理だと思っていたところに、運よく同乗者が見つかり、「カシオペア」で最もポピュラーな〝カシオペアツイン〟の客に。乗車したのが5月下旬の閑散期だったので、「北斗星」の〝ロイヤル〟同様にあっさりチケットを取ることができました。

昼間は1人掛けのソファが向かい合わせになる〝カシオペアツイン〟の車内

さすがに〝展望スイート〟と呼ばれるダブルベッドの〝カシオペアスイート〟は高価過ぎて無理でしたが、それでも「北斗星」の〝ロ

天井が低い「カシオペア」の食堂車（上）と注文したカレーのセット（左）

イヤル〃以上に胸が弾みました。
〃カシオペアツイン〃は、昼間は向い合わせの1人掛けのソファになり、夜間はベッドがL字型のように配置されます。夜になると、相方は線路と並行に、私は線路と直角に寝る恰好になりましたが、かつてのA寝台とB寝台が同居しているような錯覚を受け、雑魚寝をしているような気分にもなりました。〃カシオペアツイン〃に限っては、同じA寝台でも豪華さは「北斗星」の〃ロイヤル〃に譲るような気がします。
「カシオペア」で珍しかったのは、「北斗星」にはないGPS機能を利用した位置表示装置があったことで、自動車のカーナビのような画

青森を過ぎて無人となったラウンジカー

面が映し出されます。当時は初代アイフォーンが出始めたスマホ黎明期だったので、マップによる位置表示は結構新鮮でした。

食堂車は2階建てになった分、「北斗星」のそれと比べると天井が低く、多少、圧迫感を覚えました。ただ、食堂部分は「北斗星」よりも奥行きがあり、明るさも段違い。通路が1階に置かれたので、通り抜けを気にすることもありません。食事をしながら2階から景色を眺めることができる車両は、東海道新幹線の100系車両に乗って以来でした。もちろん「北斗星」と同じくパブタイムでの利用で、このときはカレーをオーダー。それにワインが加わった分、「カシオペア」の豪華気分が高まったようです。

「北斗星」のロビーカー（ロビー室）に相当するフリースペースのラウンジカーは編成の端にあり、電源車機能を兼ね備えたユニークな車両となっていました。発車時からしばらくはかなりの人気で、ソファがほぼ埋まっていましたが、青森を過ぎたあたりで無人となり、物思いに耽りながら過ぎゆく「カシオペア」の夜を過ごせました。

翌朝は再び食堂車へ。宇都宮を過ぎたあたりで、すれ違う列車の屋根を見たとき、こんな列車に乗って旅ができるとは、時代が変わったと実感。周遊券片手に急行の自由席や鈍行ばかりを乗り継いでいた昔の自分が走馬燈のように映る気分になりました。

残念ながら、この「カシオペア」も北海道新幹線の開業を機に上野〜札幌間の寝台特急から撤退することになっており、平成28年3月20日札幌発が最後の運行となります。「北斗星」は平成27年8月に運行を終了していることから、札幌で「上野」、上野で「札幌」の文字が出る列車を見ることはできなくなります。

東北新幹線新青森開業直前に実現した東京への日着旅

上野〜札幌間を定期列車で当日中に移動できる、いわゆる〝日着〟が可能になったのは、東北新幹線が本格運行を開始した昭和57年（1982）11月のダイヤ改正からでした。当時の東北新幹線は、上野～大宮間が「新幹線リレー号」による乗継ぎを要していたこと、津軽海峡線が未開業で、青函連絡船の乗継ぎが残っていたこともあり、所要時間はおよそ16時間。下りの場合、朝の7時台から夜の11時台までまるまる乗り通しになったため、とても実用的な旅ではありませんでした。

その日着旅も、東北新幹線が北へ延伸するごとに時間短縮され、現行の平成27年（2015）3月のダイヤ改正時点では9時間少々となっています。東京～札幌間の輸送シェアは、平成26年の時点で空路が96パーセント、鉄路が4パーセントと、まったくお話にならないほど差が広がっていますが、それでも30年あまりでおよそ7時間もの時間短縮は驚異的と言ってよいでしょう。

■平成22年9月の乗継ぎ列車

S＝スーパー

札幌からの営業キロ	列車番号		5010D	4026M	3026B
	種別		特急	特急	幹
	列車名		S北斗10号	S白鳥26号	はやて26号
0.0	札幌	発	**1037**	…	…
318.7	函館	着	**1350**	…	…
	函館	発	└	**1354**	…
575.1	八戸	着	…	**1645**	…
	八戸	発	…	└	**1657**
1207.0	東京	着	…	…	**2008**

意外なことに、私の日着旅はなかなか実現しませんでした。まず、札幌、東京のいずれかに着いたところで、その日は宿泊するだけで終わってしまい、1日をほぼつぶすことになります。出発も早朝になるので、朝の弱い私は、午後または夜発の列車を選びがちでした。乗継ぎばかりになったとしても、鉄道好きとしては痛くも痒くもないのですが、宿泊費を1日浮かせられ

ることを考えると、東京を朝に到着する列車が理想的だったのです。

それに、いくら日中の移動とはいえ、16時間以上も車内で座り続けるのは、グリーン車といえども苦痛です。昭和57年時点では、盛岡、青森、函館での乗継ぎがありますし、青森～函館間は船旅になるので、いくらかは気は紛れますが、やはりこのような長時間の旅は寝台特急の領分と言えるでしょう。

しかし、平成22年9月、やんごとなき事情から、日着旅が実現しました。乗継ぎ列車は１５８ページの表のとおりで、所要時間は9時間31分。当時は東北新幹線が八戸までだったため、新青森まで到達した現在より30分程度余計に時間がかかっていました。

「スーパー北斗10号」の流れ行く車窓。この旅では首都圏のJR線が乗り降り自由となる「東京往復割引きっぷ」を使用。東京までの往復の経路では、在来特急と新幹線の乗継ぎか、「北斗星」の開放式B寝台を利用できた

札幌を7時ジャストに発車する「スーパー北斗2号」に乗れば、東京には17時8分に着けるので、無理をすればその後にいくつかの仕事先へ挨拶に行くことはできたのですが、朝が弱い性分はどうにも解消できず、やむなく10

現在では貴重な存在となった「スーパー白鳥」の車内販売

時37分発の「スーパー北斗10号」の客に。それでも東京には20時08分に着けるわけですから、飛行機派のかたには笑われるかもしれませんが、速くなったと実感します。なにせ、昭和57年11月改正以前は、上野～青森間だけでも特急で8時間30分以上かかっていたわけですから、函館～札幌間と青函連絡船の分がほぼ短縮された計算になります。そう考えると、速度向上の効果に納得いくのではないでしょうか。

「スーパー北斗10号」は、「キハ283系」と言う振子式気動車で運行されていました。現在のように減速運転をする前だったので、最高時速は130キロ。札幌を出たときはほぼ満席状態でしたが、苫小牧や東室蘭に着くごとに乗客が降りていき、函館到着前は札幌発車時の半数以下になっていました。

東室蘭を過ぎると右に左にと激しくカーブが続くため、キハ283系は本領を発揮。当時は、先頭車の運転台下が開放されていたため、そこから前面風景を見ていると、カーブの激しさと車体の傾きが手に取るようにわかりました。あまり長い時間立ち続けていると、こちらまで酔ってしまうのではないかと思うほどの動揺でしたが、「スーパー北斗」に乗ると、まずここに来なければというほどのマニアックなスポットなのでした。

函館からは「スーパー白鳥26号」に乗換え。こちらはキハ283系と似たような形をした「789系」と呼ばれる電車が使われています。北海道新幹線の開業を機に、僚友の「白鳥」とともに全廃されることになっていますが、車両は平成14年に製造された比較的新しいものなので、札幌圏の特急に転用される予定です。青函連絡船を廃止に追いやった在来線の列車すらも姿を消すとは、時代の流れをひしひしと感じます。

「スーパー白鳥26号」は、ほぼ半数の席が埋まった程度で、現在では珍しくなった車内販売員が乗務していました。木古内を出てから青函トンネルへは高速のままあっという間に突入し、ゴーゴーという音をたてながら40分ほどで本州側へ抜けていきました。明らかに「北斗星」や「カシオペア」「トワイライトエクスプレス」とは異なるスピード感で、呆気ないというか、素っ気ないというか……これがスピード優先の日着旅なのかと思わせた区間でした。

現在の「スーパー白鳥」でこの表示はすでに見られない

当時の八戸駅。青い森鉄道はまだ目時～八戸間のみだった

青森からは進行方向が逆になり、かなりの客が乗り込んできました。青森まで来ると、対東京との輸送シェアは鉄道でもかなり持ち直していますし、夕方に近いので、東京からのビジネス客が帰京するにはちょうどよい時間帯です。

八戸での新幹線への乗継ぎ時間は12分。足早に乗車した「はやて26号」は最後部の車両で、乗客は私以外なんとゼロ！　指定された席は後ろのほうでしたから満席に近い状態を想像していたのですが……。結局、仙台を出ても2～3人の乗客が加わっただけで、終点

盛岡で行なわれた「はやて26号」（手前）と「こまち26号」の併結風景

の東京までずっと空気を運んでいるかのごとき車内でした。

それでも、新幹線は新幹線です。まず、在来線から乗り継ぐと、その揺れの少なさに驚かされます。「スーパー北斗10号」では、振子式車両独特の揺れに悩まされ、歩くのもままならない状態でしたし、「スーパー白鳥26号」も江差線や津軽線の区間では軌道の問題でかなり揺れます。

むろん、新幹線は在来線より線路の幅が広い標準軌ですし、可能な限り直線で走行するように建設されているので、在来線と比較するのは酷かもしれませんが、それにしても、この差は天国と地獄。

おまけに、新幹線改札口の自動改札口を通過すると車内改札が省略されるシステムになっているので、居眠りをしても車掌に起こされる心配がありません。この点も初めての体験だっただけに感心してしまいました。

ここまで客が少ないと、かえってやりたい放題で、派手に車内で酒宴でも開きたくなる衝動に駆られるところですが、ひとり旅で、しかも酒を飲まない私には無縁の行動で、せいぜい隣席の折畳みテーブルを広げて、買い込んだ飲食料類を並べるのが関の山でした。

東北新幹線は防音壁やトンネルだらけで風情に欠けるとよく言われますが、八戸を発車すると右手にうっすらと剣吉山《けんよし》のシルエットが浮かびあがりますし、盛岡では秋田から来た「こまち26号」との併結作業が見られます。現在はそれが「はやぶさ」に変わってしまったので、「はやて」「こまち」の併結は貴重なシーンとなりました。

八戸〜東京間の所要時間は3時間11分で、現在の長距離列車ではじゅうぶん許容できる水準です。それでも福島を過ぎたあたりから札幌から乗り続けきた疲労感がピークに達し、いやでも睡魔が襲ってきます。目が覚めると大宮の少し手前で、窓がいつのまにかズブ濡れに。どうやら関東地方に豪雨が襲っているようで、東京には数分延着しました。上野の手前で、いまや貴重となった「200系」と呼ばれる東北新幹線開業当初の車両にも出会え、夢中でシャッターを切ったことは言うまでもありません。

この旅からおよそ2カ月後の12月、東北新幹線新青森開業により八戸〜青森間も第三セクター鉄道の青い森鉄道に転換されたため「スーパー白鳥」は新青森発着となり、現在、同区間で特急は運行されていません。実は、この旅以来、東京へは一度も行っていないため、本州内の在来線が絡む東京～札幌の乗継ぎ旅はこれが最後となりました。

北海道新幹線が開業すると、東京～新函館北斗間が最速4時間2分、新函館北斗～札幌間が3時間強ですから、東京～札幌間の鉄路は7時間台で結ばれることになります。もちろん、東京～札幌間の乗継ぎ史上最速となります。盛岡以北でのスピードアップや青函トンネル内での減速運転解消が行なわれない限り、この時間が大幅に刷新されることはないでしょう。

Column

過ぎ去った「北斗星」の光景

東京～札幌間の鉄タビを語るうえで、「北斗星」を抜きにはできないでしょう。昭和63年（1988）3月、上野と札幌の間を乗換えなしで移動できる画期的な寝台特急として誕生したこの列車は、北海道新幹線の開業準備が活発化することから、平成27年（2015）3月のダイヤ改正を機に定期列車としての運行を終了。翌4月からは臨時列車としての運行を開始しましたが、これも8月には終わり、27年あまりにおよぶ歴史に幕を閉じました。

私は、平成22年9月の東京行きで、札幌への帰路に「北斗星」を利用しています。当時はわずか1往復の運行で、編成の半数ずつをJR東日本とJR北海道が受け持つ形となっていました。幸いなことに、このとき「北斗星」に乗り込んだ印象を、交通新聞社刊『旅の手帖mini　愛しの夜行列車』に寄稿しています。そのなかで、車内での過ごし方を次のように綴っています。

――上野発の下りの場合、すぐには自分のベッドに入らず、大宮までは通路の補助椅子に座る。並走する京浜東北線や大宮駅のホームで普通列車を待っている人々の反応を観察するためだ。これは「鉄」にとって非常に楽しいひとときである。

定期「北斗星」の下り最終列車

大宮を出るとしばらく自分の寝台に入る。すぐにロビー室へ行ってもよいのだが、団体の〝居酒屋〟と化していることもあるので、ここはベッドメイクに専念。最近は手持ちのiPhoneでネットサーフィンを楽しめるので、寝台のなかで悶々と時間をやり過ごすことはなくなった。

郡山が近くなると、今夜のメインイベント、食堂車「グランシャリオ」のパブタイムへ。パブタイムはディナータイム終了後の21時5分から23時

「北斗星ニセコスキー号」の食堂車で

までとなっているが、ディナータイムと違って予約は不要。ディナータイムのフランス料理や懐石料理は懐に厳しいので、ずっとパブタイムを利用している。お腹を満たすメニューには、煮込みハンバーグセットやビーフカレーなどがある。闇に流れる車窓を眺めながら、食事をとる楽しみは寝台列車の食堂車でしか味わえない。

23時で食堂車の営業が終わると、しばらく隣のロビー室で休憩。さすがにこの時間になると、ひとり旅の乗客が思い思いに時間を過ごしている。

仙台を出ると、そろそろ就寝。上野～青森間の機関車が国鉄時代のEF81形から新鋭のEF510形に交代してから振動が減り、寝心地がかなりよくなった。

ここからはひたすら爆睡し、青函トンネルも大沼も噴火湾も夢の中。長万部を過ぎた翌朝の8時30分過ぎにもこもこと起き出し、昨夜に続いて食堂車へ。お目当ては和洋別の朝食。右手に太平洋、

多くのファンに迎えられ札幌駅に入線する最後の「北斗星」

左手に昭和新山を眺めながら、食後のモーニングコーヒーをゆっくり飲むのは極上の幸せかも。
　苫小牧を過ぎると再びベッドへ戻り、まどろんだ朝の寝台でぼんやりと過ごすと一夜の旅も終了となる。——

　実はこのとき以上に印象的だったのが、平成12年12月に乗車した下り臨時列車「北斗星ニセコスキー号」でした。この列車は、倶知安、小樽を通る、いわゆる〝山線〟経由で運行されていた「北斗星」で、長万部まではいつもの「北斗星」と同じ雰囲気なのですが、〝山線〟に入ると様相が一変。単線区間なので、運転停車を繰り返し、蘭越に長時間停車しました。ふだんは1～2両の普通列車しか停車しない山間の小駅に12両編成の「北斗星」が停車する様は想像できませんでしたが、思えば、この区間で特急に乗車したのは、昭和56年（1981）のスキー

手を振り別れを惜しむ「北斗星」のクルー

旅行以来。まさか、形を変えて〃山線〃で特急に乗車できるとは夢にも思っていなかったので、食堂車越しから「らんこし」の駅名標を見たときはは感無量な思いになりました。

このとき、食堂車で朝食をとっていたのは私を含めて3人で、暇を持て余した女性クルーが何度もコーヒーを注ぎに出てきたことも印象的でした。「北斗星」を含めて食堂車を利用したことは過去に何回もありますが、このとき以上の優雅さを味わったことはありませんでした。

平成22年の旅以来、思い出深い「北斗星」に乗車することは二度となかったのですが、平成27年には札幌駅に発着する最後の「北斗星」を見送ることができました。この年の3月のダイヤ改正では「北斗星」のほかに大阪～札幌間の「トワイライトエクスプレス」も引退するとあって、札幌駅はかつて見たことのない興奮の坩堝と化していました。「北斗星」に関してはすでに臨時列車として運行が継続されることがアナウンスされていたので、悲壮感はそれほどでもなかったような気がしますが、臨時化後はＪＲ東日本の車両での運行となったため、ＪＲ北海道の車両がいち早く廃車処分となり、現在は2両だけを残して姿を消しています。

　正真正銘の最後の「北斗星」となったのは、平成27年8月22日に札幌を発車した上り列車でした。入線から発車まではわずか10分程度しかないため、最後の姿を写し留めるにはあまりにも時間が短すぎましたが、3月にはなかった駅長による発車合図セレモニーも行なわれ、本当に最後であることを実感。伝え聞いたところ、食堂車から手を振っていた女性クルーが涙を流していたとか。16時12分、ファンからの万歳三唱コールに見送られ、札幌を後にした最後の「北斗星」に、心のなかで「ご苦労様」と呟いたのは言うまでもありません。

第四章

東京〜札幌間鉄路の最速史

青函航路は民間、2晩もかかっていた東京～札幌間の鉄路——明治・大正時代

いまや、東京～札幌間は空路で足かけ3時間台の時代。鉄路のシェアは昭和30年代の終わり頃から次第に空路に奪われるようになり、昭和50年代にはとうとう逆転。空路が96パーセントに対して、鉄路はわずか4パーセント程度にまで落ち込んでいます。そんな時代に、ほとんどのかたは東京～札幌間を最速で結ぶ鉄路の所要時間を意識していないと思いますが、左のグラフのように、この１２０年あまりで5分の1以下にまで短縮されており、驚くべき進歩と言えるのではないでしょうか。ここからは、そのようなことを踏まえて、北海道新幹線開業までの東京～札幌間最速鉄路の変遷を辿っていきたいと思います。

東京～札幌間がほぼ鉄路によって移動できるようになったのは、明治25年（１８９２）8月に室蘭本線の前身である北海道炭礦鉄道(注)室蘭（現・東室蘭）～岩見沢間が開業したときにまで遡ります。

すでに本州側では、明治24年9月に東北本線とＩＧＲいわて銀河鉄道、青い森鉄道の前身である日本鉄道(注)上野～青森間が全通。青森と函館を結ぶ国鉄青函航路は未開業だったため、日本郵船(注)の青森～函館～室蘭航路により、北海道炭礦鉄道と連絡していました。当時は千歳線沼ノ端～苗穂間が開業していなかったため、室蘭から札幌までは追分経由で岩見沢に出て、そこから手宮方

■東京～札幌間の鉄道移動による最速時間の変遷

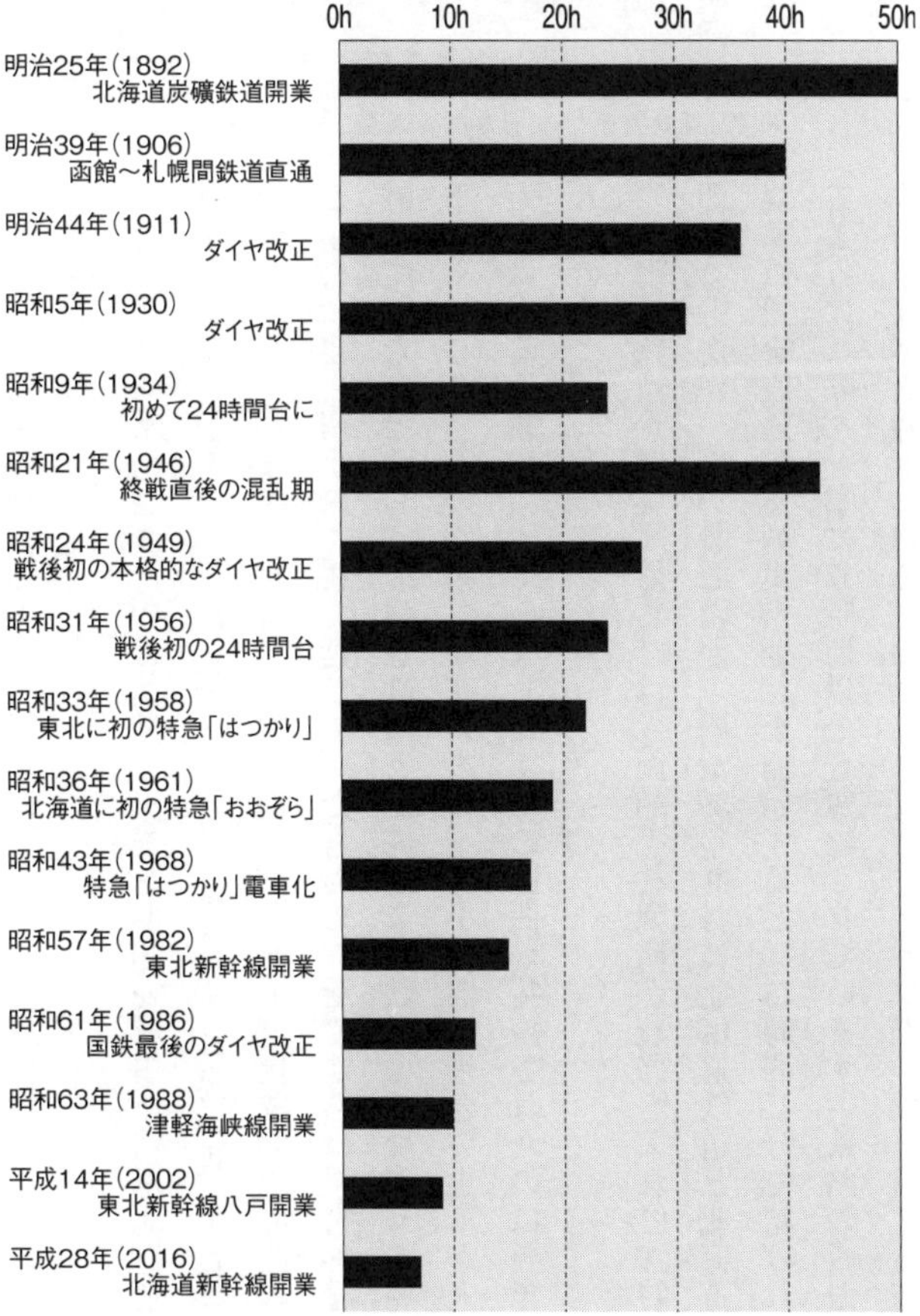

北海道連絡の要となる国鉄青函航路で最初に就航した「比羅夫丸」。日本初のタービン船で高速を誇った（『日本国有鉄道　百年写真史』より転載）

面への列車に乗り換えるという、遠回りをさせられていました【175ページ表中①】。

その手間が解消されたのは函館と小樽を倶知安経由で結ぶ北海道鉄道が開業したときで、明治37年10月には函館〜高島（現・小樽）間が全通しています。当時、札幌方面からは北海道炭礦鉄道の路線が小樽（現・南小樽）まで延びていたものの、そこからは手宮へ分岐していたことから、北海道鉄道と北海道炭礦鉄道はつながっていませんでした。そのため、現在の小樽〜南小樽間は乗合い馬車か人力車による連絡に頼っていました。この区間が接続されたのは翌年8月のことでした。

北海道鉄道が開業するまでは、函館〜札幌間が航路も入れて20時間近くもかかっていましたが、明治39年9月に北海道鉄道と北海道炭礦鉄道を直通する列車が運行を開始すると、13時間45分で結ばれるようになり、一挙に6時間以上も短縮されています。鉄路の威力をまざまざと見せつける革命的なスピードアップだったと言えるで

■明治・大正時代（明治25年8月〜大正13年6月）　（急）＝急行、函館＝青函航路

	駅	時刻	区間	駅	時刻	区間	駅	時刻	区間	駅	時刻	所要時間
①明治25年（1892）8月1日 室蘭〜岩見沢間鉄道開通	上野	7:00	日本鉄道	青森	8:15 10:00	日本郵船	室蘭	4:00 8:00	北海道炭礦鉄道	札幌	15:40	*56:40*
	札幌	12:11	北海道炭礦鉄道	室蘭	19:25 21:00	日本郵船	青森	15:00 17:40	日本鉄道	上野	19:00	*54:49*
②明治44年（1911）12月21日 函館〜釧路間に急行増発	上野	9:30	（急）201レ	青森	6:30 7:30	青函1便	函館	11:45 13:50	（急）3レ	札幌	23:07	*37.37*
	札幌	8:25	（急）2レ	函館	17:30 18:30	青函4便	青森	23:30 1:00	（急）802レ	上野	20:05	*35.40*
③大正13年（1924）6月1日 北海道の急行がスピードアップ	上野	13:00	（急）203レ	青森	6:30 7:55	青函3便	函館	12:25 13:13	（急）3レ	札幌	22:14	*33:14*
	札幌	7:00	（急）4レ	函館	16:15 16:55	青函4便	青森	21:25 23:20	（急）204レ	上野	16:30	*33:30*

①は明治31年頃の時刻、②は大正元年頃の時刻

しょう。

明治時代後期に北海道連絡を支えていた日本鉄道、北海道炭礦鉄道、北海道鉄道は、明治39年3月に鉄道国有法が公布されると翌年にかけて相次いで国有化され、青函航路を除いて国鉄だけの乗継ぎが実現しました。青函航路は依然として日本郵船が運航していましたが、鉄路との連絡を意識したダイヤになっていなかったため、国有化前の日本鉄道が独自の青函航路を創設すべく、イギリスに2隻のタービン船を発注しています。これが「比羅夫丸」と「田村丸」で、これらは国有化後の明治41年に「帝国鉄道庁」と呼ばれていた国鉄が引き継いで導入。この年の3月から「比羅夫丸」が、続いて4月には「田村丸」が就航し、津軽海峡線開業までの80年にわたる青函航路の歴史がスタートしました。

開業当初の青函航路は所要時間が4時間ジャストでしたが、これは昭和39年（１９６４）に就航した「津軽丸」型新鋭船を導入した際の3時間50分に迫るもので、明治時代の日本の船舶では最速を誇りました。

ただし、当時はまだ青森、函館ともに岸壁ができていなかったため、後年のように桟橋から直接列車に乗り換えることができませんでした。

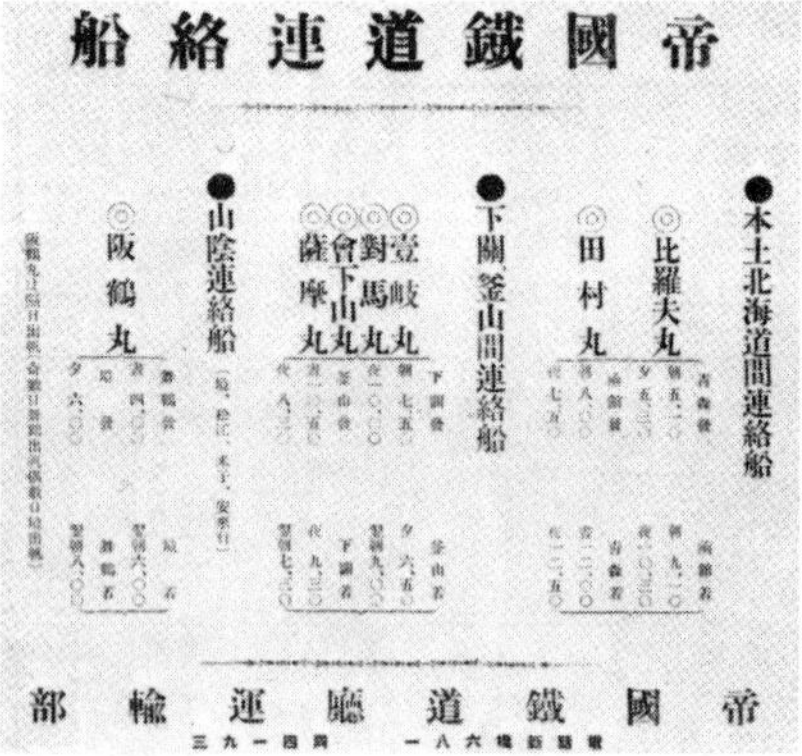

青函航路の開設を伝える帝国鉄道庁（当時の国鉄）の広告。以前から運航されていた日本郵船の青函航路は「郵船便」と呼ばれていたのに対して、国鉄のそれは「庁船便」と呼ばれていた（『日本国有鉄道　百年写真史』より転載）

そのため、船客は航路の船車連絡待合所から(注)小蒸気船や艀に乗り換え、５００～６００メートル先の沖合に停泊する連絡船に乗船する必要がありました。4時間とはいっても、連絡船の乗下船にはさらに時間がかかっていたのです。とくに、函館側は駅から遠く離れた現在の末広町付近に船車連絡待合所があったため、列車への乗換えには路面電車を利用するほどでした。

こうした不便を解消すべく岸壁の整備が進められ、青森では大正13年（１９２４）11月、函館では明治43年12月に桟橋の運用が開始され、函館に

函館桟橋ができるまで、北海道の玄関口だった青函航路の函館船車連絡待合所。ここから沖合に停泊する連絡船へ向かった（『日本国有鉄道　百年写真史』より転載）

は大正4年6月に接続列車が乗り入れるための函館桟橋駅が設置されています。(注)

国鉄青函航路の開設により、本州、北海道側の列車も高速化が図られ、明治44年7月には北海道に初めて急行列車が登場しました。函館～釧路間1・2列車（旭川～釧路間普通列車）がそれで、旭川～富良野間は現在の富良野線を経由し、1等寝台車も連結していました。これが北海道で初めての寝台車を連結した列車でしたが、平成28年（2016）3月に上野～札幌間の臨時寝台特急「カシオペア」と青森～札幌間の急行「はまなす」が廃止されると、北海道における寝台車の歴史にピリオドが打たれることになります。

明治44年12月には函館～釧路間に急行3・4列車が増発され、大正元年頃に上野～札幌間を最速で結ぶ列車は、下りが急行201列車～青函1便～急行3列車、上りが急行2列車～青函4便～急行802列車となっていました【175ページ表中②】。この20年ほど前までは2晩かかるのが普通でしたが、それが1晩になり、とくに上りは36時間を切る最速ぶりを誇っていました。

大正時代の末期になると、北海道連絡の列車体系がかなり整備されるようになり、大正13年6月のダイヤ改正では33時間台にまで短縮されています【175ページ表中③】。下りで見た場合、明治末期から大正初期のダイヤでは最速列車の上野発が午前中となっていましたが、それが午後にシフトし、札幌着の時刻はほとんど変わっていません。上りは札幌発が午前中である点は変わっていませんが、上野着が4時間近く前倒しとなり、夕食の時間に間に合う便利なダイヤに変わっています。

(注) ▼**北海道炭礦鉄道**……明治22年11月に設立。翌12月には北有社から北海道初の本格的な鉄道である幌内～手宮間を譲り受け、一時は道央圏の鉄道をほぼ手中にしたが、鉄道国有法の発布により、明治39年10月に国有化された。
▼**日本鉄道**……明治15年2月に発足した日本初の私鉄。同年9月に川口～熊谷間の建設に着手し、青森方面へはその分岐線として計画された。
▼**日本郵船**……明治18年9月、北海道の航路を運営していた共同運輸会社と三菱商会が合併して誕生した。
▼**小蒸気船や艀**……青函航路の1・2等客は小蒸気船、3等客はそれに曳かれる艀に乗り、沖合に停泊する本船に乗船していたが、艀と本船の乗降は荒天のときに難儀で、海中に転落する事故が多発したという。

明治初・中期の東京〜札幌間

東京と札幌を鉄道で結ぶ歴史は、明治25年（1892）8月に現在の室蘭本線東室蘭〜岩見沢間が開業したときとしましたが、ではそれ以前、東京と札幌を結ぶ交通手段はどのようなものがあったのでしょうか。

明治3年頃、東京と青森の間には政府の官船である「庚午丸」が、青森と函館の間には北海道開拓使による「弘明丸」が就航していました。これらを乗り継ぎ、函館からはさらに北海道沿岸各地へ至る航路で上陸。その後は、馬や河川遡上、徒歩といった手段で移動したため、10日以上もの時間がかかっていました。

明治13年、手宮〜札幌間に官営幌内鉄道（のちの北有社→北海道炭礦鉄道）が開業すると、東京〜青森〜函館〜小樽間航路と鉄道の乗継ぎが初めて実現し、数日レベルの移動時間になりました。この頃は官船による航路がすでに民営化されており、東京〜青森〜函館間は三菱商会（のちの三菱会社）、函館から北海道沿岸各地へは東京風帆会社が担い、明治15年3月には北海道運輸会社も加わっています。

北海道の航路2社は明治15年7月に合併して共同運輸会社となり、明治18年9月にはさらに三菱会社と合併し、日本郵船が発足。同社は青函航路が国営になるまで、北日本の海運を一手に担っていました。

明治24年7月、日本鉄道上野〜青森間が全通すると、日本郵船の青森〜函館〜小樽間航路と北海道炭礦鉄道手宮〜札幌間の乗継ぎが実現し、東京〜札幌間の鉄路による移動は一気にスピードアップし、移動時間は数日レベルから3〜4日レベルにまで向上しています。

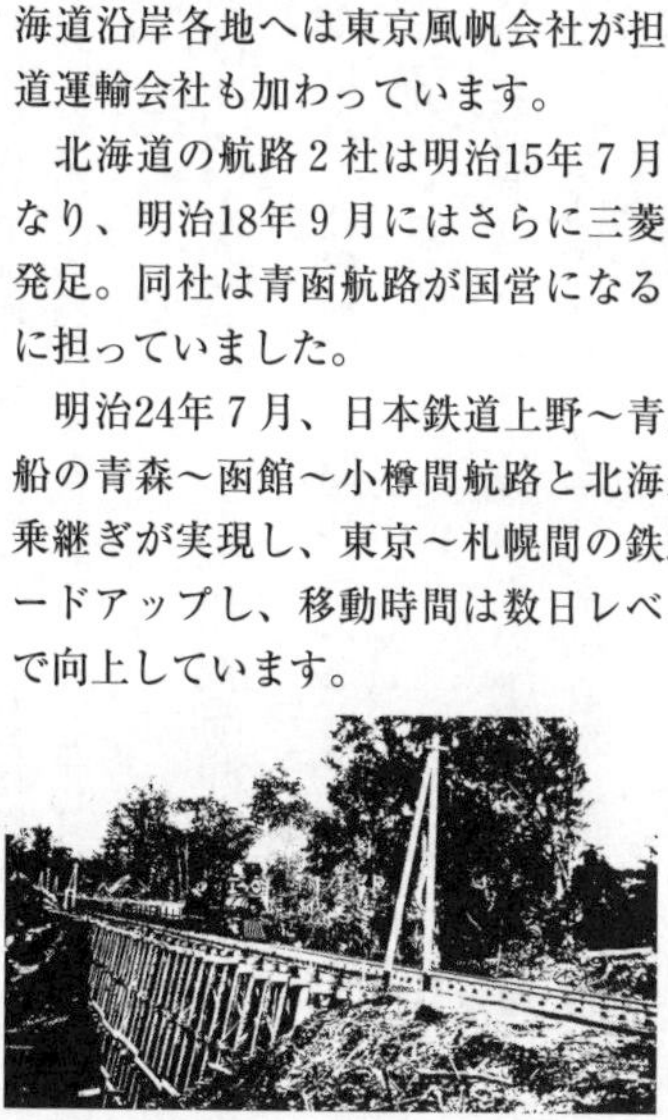

東京〜札幌間で、鉄道としては最初に部分的な移動手段となった官営幌内鉄道。のちに北有社という民間会社に売却され、さらに北海道炭礦鉄道に譲渡されている（鉄道博物館所蔵）

▼函館桟橋駅……函館桟橋を通して直接、船車連絡を受け持つ駅で、大正4年6月に開業した。列車は函館駅から延長する形で運行されていたが、函館桟橋が函館駅に包含された昭和5年10月に廃止された。

初めて24時間台になるも、戦争末期は再び明治末期並に――昭和戦前期

大正時代までは30時間台の壁を破れなかった東京～札幌間も、昭和に入るとダイヤ改正ごとに実施されたスピードアップでようやく24時間台に到達します。

東海道・山陽本線の特急に愛称名が付けられた昭和4年（1929）9月のダイヤ改正では、上野～青森間急行103・104列車が1時間ほどスピードアップ、東海道本線に超特急「燕」が新設された翌年10月のダイヤ改正ではさらに30分程度スピードアップしました【181ページ表中①】。

対する北海道側では、急行103・104列車と連絡する列車として、函館～稚内港（現・稚内）間の急行203・204列車と函館～野付牛（現・北見）間の普通503・504列車が設定されていましたが、203・204列車は長輪線（注）・室蘭本線を経由していたため、札幌には寄りませんでした。

室蘭本線の沼ノ端から分岐し苗穂へ至る千歳線は、現在、函館～札幌間の最重要路線に位置づ

■戦前期（昭和5年10月〜昭和20年6月）

(急)＝急行、青函＝青函航路

												所要時間
①昭和5年（1930）10月1日 北海道内で速度向上	上野	14:30	（急）103レ	青森 6:20	7:10	青函3便	函館 11:40	12:50	503レ	札幌	21:47	*31:17*
	札幌	7:25	504レ	函館 16:10	17:30	青函4便	青森 22:00	23:00	(急)104レ	上野	14:30	*31:05*
②昭和9年（1934）12月1日 東北・常磐線で速度向上	上野	19:00	（急）201レ	青森 7:45	8:20	青函1便	函館 12:50	13:20	（急）1レ	札幌	19:40	*24:40*
	札幌	9:50	（急）2レ	函館 16:23	17:00	青函2便	青森 21:30	22:00	（急）202レ	上野	10:25	*24:35*
③昭和17年（1942）11月15日 全国改正	上野	19:00	（急）201レ	青森 7:46	不明	青函	函館 不明	13:20	（急）1レ	札幌	19:05	*24:05*
	札幌	6:00	（急）2レ	函館 11:23	不明	青函	青森 不明	17:00	（急）202レ	上野	6:20	*24:20*
④昭和19年（1944）10月11日 戦時陸運非常体制に対応	上野	17:30	（急）203レ	青森 8:00	不明	青函3便	函館 不明	13:40	（急）3レ	札幌	19:53	*26:23*
	札幌	7:30	（急）4レ	函館 13:48	不明	青函4便	青森 不明	20:00	（急）204レ	上野	10:50	*27:20*
⑤昭和20年（1945）6月10日 東北で時刻訂補	上野	20:00	107レ	青森 16:27	不明	青函7便	函館 不明	23:25	307レ〜507レ	札幌	10:21	*38:21*
	札幌	7:02	408レ	函館 16:23	不明	青函8便	青森 不明	22:30	126レ	上野	20:29	*37:27*

けられているものの、当時は北海道鉄道[注]（明治時代の北海道鉄道とは別会社）と言う一私鉄で、国鉄との乗入れは一切行なわれていませんでした。したがって、室蘭本線が全通していても、函館〜札幌間の優等列車は依然として、倶知安・小樽経由が主流だったのです。

５０３・５０４列車は普通列車とはいえ、２等寝台車（現在のA寝台車）を連結し、長万部〜札幌間はほぼ急行並に運行していたため、実質的には優等列車同然でした。

急行103・104列車は、上野～岩沼間を、当時、勾配や曲線の難所が点在した東北本線を経由していたため、北海道連絡の速達効果を発揮しにくい状況でした。そこで、東海道本線が熱海経由となった昭和9年12月改正では、上野～青森間最速列車の座を常磐線経由の急行201・202列車に譲っています【181ページ表中②】。

常磐線は東北本線より14キロほど距離が長くなりますが、平坦区間と複線区間が多いため、北海道連絡の最速ルートとして白羽の矢が立ったのです。

この改正では、201・202列車に連絡する北海道側の列車も急行となりました。この急行は函館～札幌間の1・2列車で、函館～長万部間は、長輪線・室蘭本線経由で運行する函館～稚内港間急行201・202列車を併結していました。これにより、所要時間は上下とも初めて24時間台となり、戦前の最盛期を迎えました。

この所要時間は昭和ふた桁に入ってもほぼ維持されており、関門海底トンネルが開通した昭和17年11月のダイヤ改正では、当時日本領だった南樺太への足を重視して、上下とも昭和9年と比較して15～35分スピードアップしています【181ページ表中③】。この頃から、津軽海峡への浮遊機雷や潜水艦による攻撃が活発化した影響で、市販の時刻表上では青函航路の時刻が伏せられるようになりました。

戦前におけるスピードアップはそこまでで、太平洋戦争末期の昭和19年10月のダイヤ改正では、昭和17年10月に戦時陸運非常体制が発令されたことを受けて列車の運行が軍需優先とされ、旅客列車は軒並みスピードダウン。最速列車の所要時間は、下りが26時間台、上りが27時間台にまで後退しています【181ページ表中④】。

急行203・204列車は上野～青森間唯一の急行でしたが、この列車はかつての急行201・202列車のダイヤを修正したものでした。北海道側で接続する3・4列車も道内唯一の急行となっており、唯一の優等列車＝最速列車という状況になってしまいました。

昭和20年に入ると、東京以北の急行が全廃され、上野～札幌間の移動が完全に普通列車だけになりました。これにより最速列車は37～38時間台にまで後退、明治時代末期の水準まで逆戻りしています【181ページ表中⑤】。青函航路は、7月に米軍による艦載機攻撃が集中したため壊滅的な打撃を受け、北海道連絡は最悪の事態に追い込まれています。

（注）▼長輪線……現在の室蘭本線長万部～東室蘭間は、大正12年12月に長万部～静狩間が最初に開業。大正14年8月に輪西（現・東室蘭）～伊達紋別間の長輪東線が開業すると、長万部～静狩間は長輪西線に改称。昭和3年9月に東西がつながり長輪線となったが、その名は短く、昭和6年4月に室蘭～岩見沢間の室蘭本線に路線名が統合され現在に至っている。

▼**北海道鉄道**……大正15年8月に沼ノ端～苗穂間で営業を開始した私鉄。本来は札幌と日高地方北部を結ぶ路線として建設されたが、昭和18年8月に買収され国鉄千歳線となり現在に至っている。

▼**戦時陸運非常体制**……太平洋戦争末期、徐々に制海権や制空権が失なわれたことにより、軍需輸送を陸路中心とする体制で、鉄道では多くの中小私鉄が国有化、または統合された。

戦後10年あまりで戦前の最盛期に戻る——終戦復興期

昭和20年（1945）8月に太平洋戦争が終結したものの、青函航路は12隻あった連絡船のうち10隻を失う壊滅的な打撃を受けたため、北海道連絡列車は最悪の状況からなかなか脱することができませんでした。終戦まで生き残った青函連絡船は修復したものを入れて3隻で、関釜航路や稚泊航路からの船や米軍の上陸用舟艇も使っての綱渡りの運航が行なわれていました。

上野～青森間では昭和20年11月のダイヤ改正で急行が復活していましたが、石炭事情の悪化によりしばしば運休となり、上野～札幌間は実質的に普通列車だけの運行となっていました。昭和21年7月頃の最速列車は【185ページ表中①】のとおりで、所要時間は43～44時間台。これは、明治中期の日本鉄道～日本郵船～北海道炭礦鉄道の乗継ぎよりは早いものの、明治末期以下の水準でした。

■戦後復興期（昭和21年7月～昭和31年11月）　(急)＝急行、青函＝青函航路

										所要時間
①昭和21年（1946）7月5日 終戦直後の時刻改正	上野 22:10	201レ			青森 19:50 1:20	青函	函館 7:50 9:15	13レ	札幌 18:35	*44:25*
	札幌 10:00	14レ	函館 19:33 22:10	青函	青森 4:40 8:15	104レ			上野 5:00	*43:00*
②昭和23年（1948）7月1日 戦後初の全国改正	上野 20:30	(急)201レ			青森 13:45 15:40	青函1便	函館 20:40 22:50	(急)1レ	札幌 6:03	*33:33*
	札幌 21:05	(急)2レ	函館 4:38 7:00	青函2便	青森 12:10 14:00	(急)202レ			上野 8:45	*35:40*
③昭和24年（1949）9月15日 日本国有鉄道発足後の全国改正	上野 18:05	(急)203レ			青森 8:40 9:40	青函3便	函館 14:10 15:06	(急)3レ	札幌 21:37	*27:32*
	札幌 8:54	(急)4レ	函館 15:20 16:20	青函4便	青森 21:00 22:00	(急)204レ			上野 12:50	*27:56*
④昭和25年（1950）10月1日 全国改正	上野 18:35	(急)203レ			青森 8:47 9:15	青函3便	函館 13:45 14:19	(急)3レ	札幌 20:40	*26:05*
	札幌 8:34	(急)4レ	函館 14:54 15:25	青函1便	青森 20:05 20:35	(急)204レ			上野 11:15	*26:41*
⑤昭和31年（1956）11月19日 全国改正	上野 20:10	(急)北斗			青森 9:30 9:50	青函17便	函館 14:20 14:50	(急)まりも	札幌 20:34	*24:24*
	札幌 8:00	(急)まりも	函館 13:50 14:30	青函18便	青森 19:10 19:30	(急)北斗			上野 9:15	*25:15*

青函間を見ると、列車と航路の乗継ぎ時間にほとんど配慮がなく、なんと下りの青森では19時50分に着いても、出航するのは日を跨いだ1時20分というありさまでした。

昭和22年1月には、とうとう全国の国鉄から急行が一時的に消滅するという事態に陥っていますが、これも4月からは徐々に復活。昭和23年7月のダイヤ改正では、戦前から受け継がれたダイヤを払拭し、石炭の供給に応じた柔軟なダイヤが組まれるようになり、上野～札幌間の

昭和20年代後半に最速列車の一翼を担っていた「まりも」は、昭和40年10月のダイヤ改正から札幌を境に系統分離され、函館～札幌間は「ていね」に改称。写真はその当時のもの

最速列車は33～35時間台にまで戻るようになりました【185ページ表中②】。

この改正では本州、北海道ともに急行が復活しており、およそ3年ぶりに最速列車が急行で結ばれることになりました。上野～青森間の急行にC61形やC62形といった大型で高速走行が可能な蒸気機関車が投入され、東北本線岩切～品井沼間で山側を回っていた優等列車が、勾配が少ない現在の海側を回るようになったのもこの頃からでした。

昭和24年6月、国有鉄道の管轄が運輸省から独立採算制の公共企業体である日本国有鉄道へ移行し、9月にはその最初のダイヤ改正が行なわれました。東海道本線では戦後初の特急「へいわ」が運行を開始して話題となりましたが、上野～札幌間の最速列車では上野～青森間の急行201・202列車が2

03・204列車に改称され、上野〜札幌間最速列車の一翼を担いました。この改正では、上野〜札幌間の最速時間が30時間台を切り、27時間台にまで向上したため【185ページ表中③】、改正前よりダイヤが大幅にシフトし、北海道側の列車は急行3・4列車に変わりました。この列車は遠路・釧路まで運行されるもので、昭和26年に「まりも」と命名されました。

次の昭和25年10月のダイヤ改正では、上野〜青森間の急行がすべて常磐線経由となり、昼行の201・202列車は「みちのく」、夜行の203・204列車は「北斗」と命名されました。上野〜札幌間の最速列車は、改正前と変わっていませんが、それでも上下とも1時間以上のスピードアップとなっています【185ページ表中④】。

以来、昭和30年代前半まで「北斗」〜「まりも」の最速リレーは続き、東海道本線が全線電化された昭和31年11月のダイヤ改正では、下りの最速時間が24時間台になり【185ページ表中⑤】、ほぼ戦前の最盛期の水準に戻っています。

特急だけの最速リレーが実現——昭和30年代

昭和20年代に確立された「北斗」〜「まりも」の最速リレーは、昭和30年代に入ると本州、北海道ともに昼行列車によるリレーに取って代わられました。昭和33年（1958）10月、東北に初めて特急がデビューし、青函航路深夜便を介した最速乗継ぎが誕生したのです。

　この特急は「はつかり」と命名され、上野～青森間は急行「北斗」より1時間20～45分速い12時間ジャストで結ぶようになりました。青函航路が深夜便となったことに

東北に初めて誕生した特急「はつかり」。当初は蒸気機関車が牽引する客車列車だったため、急行「北斗」と比べて大幅なスピードアップとはならなかった

■特急「はつかり」「おおぞら」誕生

（昭和33年10月～昭和40年10月）　(急)＝急行、青函＝青函航路

	駅	発	列車	駅	着	発	航路	駅	着	発	列車	駅	着	所要時間
①昭和33年(1958)10月10日特急「はつかり」登場	上野	12:20	はつかり	青森	0:20	0:40	青函11便	函館	5:10	6:00	(急)大雪	札幌	11:44	23:24
	札幌	16:45	(急)大雪	函館	22:32	23:40	青函12便	青森	4:20	5:00	はつかり	上野	17:00	24:15
②昭和36年(1961)3月1日「はつかり」がスピードアップ	上野	13:15	はつかり	青森	23:58	0:20	青函11便	函館	4:50	5:30	(急)大雪	札幌	10:52	21:37
	札幌	17:57	(急)大雪	函館	23:25	23:55	青函12便	青森	4:35	5:00	はつかり	上野	15:45	21:48
③昭和36年(1961)10月1日特急「おおぞら」登場	上野	13:30	はつかり	青森	23:55	0:10	青函1便	函館	4:35	4:55	おおぞら	札幌	9:25	19:55
	札幌	19:30	おおぞら	函館	0:00	0:15	青函2便	青森	4:45	5:05	はつかり	上野	15:35	20:05
④昭和40年(1965)10月1日全国改正	上野	13:15	はつかり	青森	23:40	0:01	青函1便	函館	3:50	4:10	おおぞら	札幌	8:40	19:25
	札幌	19:35	おおぞら	函館	0:05	0:25	青函2便	青森	4:15	4:35	はつかり	上野	15:15	19:40

より、北海道内の接続列車は急行1・2列車「大雪」に変わり、下りの場合、札幌には午前中に到着するスタイルが確立しました。早朝・深夜に眠い目をこすりながら列車と連絡船を駆け足で乗り継ぐスタイルは、昭和63年3月の津軽海峡線開業まで続きました。

特急「はつかり」効果で、上野〜札幌間の最速時間は上下とも24時間台以下となり、下りは史上初めて23時間台に到達しています【188ページ表中①】。

「はつかり」は昭和34年9月のダイヤ改正で、線路と石炭の改良により30〜32分スピードアップ。この改正では青函航路の接続も見直され、上野〜札幌間の最速時間は22時間台となっています。

そして昭和35年12月、「はつかり」は「キハ80系」と呼ばれる国鉄初の特急型気動車に置き換えられ、昭和36年3月にはスピードアップ。上野〜札幌間の最速時間は21時間台となっています【188ページ表中②】。

このキハ80系は、これまで特急が運行されたことがなかった地方幹線にも特急の恩恵を授ける役目を果たし、昭和36年10月のダイヤ改正では北海道や山陰、山陽・九州、日本海縦貫線にも投入されました。

北海道では函館〜旭川間に特急「おおぞら」が運行されるようになったため、ついに上野〜札幌間の最速列車はすべて特急が担うようになりました。このため最速時間は下り列車で20時間を切るようになりました【188ページ表中③】。

さらに昭和40年10月のダイヤ改正では、青函航路に「津軽丸」型新造船が投入されたことにより、青函間の所要時間が4時間30分から3時間50分に短縮、上りの最速も20時間を切るようになりました【188ページ表中④】。

東北本線全線電化・複線化後の低成長時代——昭和43〜56年

昭和43年（1968）10月、東北本線全線が電化・複線化され、上野〜札幌間にも新たな時代が到来しました。長年、上野と青森を結んでいた特急「はつかり」が電車化され、岩沼以南が常磐線経由から東北本線経由に切り換えられたのです。

戦前から上野〜青森間の最速列車は、岩沼以南で勾配や単線が多い東北本線を避けて常磐線経由で運行されていましたが、電化や複線化はこれらのハンデをすべて乗り越え、東北本線は名実共に国鉄屈指の高速幹線に変貌しました。上野〜仙台間には宇都宮や福島といった県庁所在地が控えていることから、幹線としての重要性が常磐線より高かっただけに、電化と複線化の意義は大きかったのです。

「はつかり」の電車化に際しては、夜は寝台特急「はくつる」「ゆうづる」としても運用できる

■東北新幹線全線電化・複線化以後
（昭和43年10月～昭和56年10月）

青函＝青函航路

	駅	時刻	列車	駅	着	発	列車	駅	着	発	列車	駅	時刻	所要時間
①昭和43年（1968）10月1日 東北本線全線電化・複線化	上野	15:40	はつかり2号	青森	0:10	0:30	青函1便	函館	4:20	4:40	おおぞら	札幌	8:55	17:15
	札幌	19:50	おおぞら	函館	0:10	0:30	青函2便	青森	4:20	4:40	はつかり1号	上野	13:10	17:20
②昭和47年（1972）3月15日 全国改正	上野	16:00	はつかり3号	青森	0:15	0:35	青函1便	函館	4:25	4:45	おおぞら1号	札幌	8:55	16:55
	札幌	20:05	おおぞら3号	函館	0:20	0:40	青函2便	青森	4:30	4:50	はつかり1号	上野	13:04	16:59
③昭和53年（1978）10月2日 全国改正	上野	15:30	はつかり11号	青森	0:13	0:35	青函1便	函館	4:25	4:45	おおぞら1号	札幌	8:54	17:24
	札幌	20:05	おおぞら6号	函館	0:20	0:40	青函2便	青森	4:30	4:53	はつかり2号	上野	13:43	17:38
④昭和56年（1981）10月1日 北海道時刻改正	上野	15:30	はつかり11号	青森	0:13	0:35	青函1便	函館	4:25	4:45	北斗1号	札幌	8:57	17:27
	札幌	20:00	北斗8号	函館	0:20	0:40	青函2便	青森	4:30	4:53	はつかり2号	上野	13:43	17:43

「583系」と言う特急型寝台電車が投入されています。電車化は改正に先立つ9月に実施され、9月30日までは常磐線経由のまま583系の「はつかり」が運行されています。

10月1日のダイヤ改正後、「はつかり」は2往復となり、上野～青森間は気動車時代より1時間半以上も速い8時間30分に短縮、上野～札幌間の最速は17時間台となりました【191ページ表中①】。

とは言うものの、東北本線では特急「ひばり」など、優等列車の増発が年々重ねられ、昭和20年代から30年代にかけてのような大幅なスピードアップは、東北新幹線が開業する昭和57年6月まで見られなくなります。近代化は図られたものの、それにつれて列車増発も進み、飽和状態が続いたのです。その解決には、昭和30年代までの東海道本線のように、別線である新幹線を建設するほかになく、上野〜札幌間の最速列車は東北新幹線開業まで長い低成長時代に入ったと言えるでしょう。

それでも山陽新幹線が岡山まで開業した昭和47年3月のダイヤ改正では、接続時分の見直しにより上下ともわずかに17時間を切るようになりました【１９１ページ表中②】。

常磐線経由のまま電車化された43.10改正前の「はつかり」

北海道側の「おおぞら」は、昭和45年10月のダイヤ改正で1往復増えて2往復に、昭和47年3月のダイヤ改正ではさらに1往復増えて3往復となり、青函航路の深夜便（１・２便）に接続する列車番号１Ｄ・２Ｄの「おおぞら」は号数付きの「１・３号」となっています。

一方の「はつかり」もダイヤ改正を経るごとに急行の格上げなどにより増発が重ねられ、昭和45年10月のダイヤ改正では1往復増の3往復に、昭和48年10月のダイヤ改正では5往復となり、この年には５８３系のほかに

485系も投入されています。さらに昭和53年10月のダイヤ改正では東北新幹線開業前の最大本数となる6往復に達しています。

この頃になると、上野〜青森間では東北新幹線開業を見越して、抜本的な改正は見送られるようになり、ほとんど目立った変化はありません。東北本線では優等列車の増発が相次いだことにより、並行ダイヤが徹底された結果、上野〜札幌間の最速列車は、上下とも昭和47年時点より最大39分近く遅くなっています【191ページ表中③】。

北海道では、昭和56年10月に千歳空港（現・南千歳）〜新得間に石勝線が開業した関係で、特急「おおぞら」の運行系統が見直され、これまで最速列車を担っていた函館〜釧路間の1D・2D「おおぞら1・6号」が札幌を境に系統分離。函館〜札幌間は「北斗1・8号」に変わり、最速列車から「おおぞら」の名が消えています【191ページ表中④】。

新幹線効果で最速列車が日着圏時代に突入——昭和57〜61年

明治時代から鉄路による上野〜札幌間の移動は夜行がつきものでした。とくに、最速の乗継ぎでは、青森と函館で辛い早朝・深夜の乗継ぎが必要だっただけに、昭和50年代以降、鉄路よりも安価で楽に移動できる空路へ次々に旅客が移転したのは無理もないことでした。

■東北新幹線開業以後
（昭和57年6月〜昭和61年11月）

SR＝新幹線リレー、青函＝青函航路

	発	列車	駅	列車	駅	列車	駅	列車	着	所要時間
①昭和57年（1982）6月23日 東北新幹線開業	上野 15:30	はつかり11号			青森 0:13 0:35	青函1便	函館 4:25 4:45	北斗1号	札幌 8:57	*17:27*
	札幌 20:00	北斗8号	函館 0:20 0:40	青函2便	青森 4:30 4:45	みちのく	盛岡 7:04 7:15	やまびこ10号〜SR4号	上野 11:13	*15:13*
②昭和57年（1982）11月15日 東北新幹線本格運行開始	上野 17:17	SR41号〜やまびこ33号	盛岡 21:17 21:30	はつかり21号	青森 23:54 0:35	青函1便	函館 4:25 4:45	北斗1号	札幌 8:57	*15:40*
	札幌 20:00	北斗8号	函館 0:20 0:40	青函2便	青森 4:30 4:53	はつかり2号	盛岡 7:15 7:30	やまびこ12号〜SR12号	上野 11:27	*15:27*
③昭和60年（1985）3月14日 東北新幹線上野開業	上野 18:40	やまびこ23号	盛岡 21:26 21:36	はつかり23号	青森 0:09 0:30	青函1便	函館 4:25 4:45	北斗1号	札幌 8:55	*14:15*
	札幌 20:12	北斗10号	函館 0:25 0:40	青函2便	青森 4:30 4:49	はつかり2号	盛岡 7:19 7:29	やまびこ2号	上野 10:14	*14:02*
④昭和61年（1986）11月1日 国鉄最後の改正	上野 9:40	やまびこ21号	盛岡 12:26 12:34	はつかり9号	青森 14:47 15:00	青函5便	函館 18:50 19:00	北斗15号	札幌 22:58	*13:18*
	札幌 20:35	北斗16号	函館 0:22 0:40	青函2便	青森 4:30 4:52	はつかり2号	盛岡 7:19 7:29	やまびこ2号	上野 10:14	*13:39*

もはや、鉄路が空路からシェアを挽回するのは無理な時代になっていましたが、それでも東北新幹線が開業した昭和57年（1982）は、上野〜札幌間の鉄路移動が日着圏になるという画期的な効果がもたらされました。

第二章でも述べましたが、東北新幹線が開業した6月から上越新幹線が開業する11月まで、東北筋で抜本的な改正は見送られ、上野〜仙台間の特急「ひばり」の約半数と上野〜盛岡間の特急「やまびこ」が全廃されたに留まりました。「はつかり」に関しては現行ダイヤのまま推移したため、上野〜札幌間の最速は、青函航路の深夜便を介したものに変わりはありませんでした【1

東北新幹線の開業は上野〜札幌間の鉄路による日着効果をもたらしつつ、最速時間を15時間台にまで短縮した

94ページ表中①】。当時の東北新幹線は大宮発着だったため、上野〜大宮間は在来線を走る連絡専用列車「新幹線リレー号」の利用となっています。

6月の時点では日着乗継ぎは実現しませんでしたが、かろうじて、8月に盛岡〜青森間に臨時急行が設定されたときだけは、下りのみ実現しています。

その後に行なわれた11月のダイヤ改正では、東北新幹線が10往復から30往復に増強されて本格運行が開始されたことに伴い、在来線のダイヤも大幅に見直され、特急「はつかり」は盛岡〜青森・弘前間の新幹線連絡特急に変貌。下りは「新幹線リレー5号」〜「やまびこ13号」〜「はつかり7号」〜青函5便〜「北斗7号」、上りは「北斗2号」〜青函8便〜「はつかり20号」〜「やまびこ36号」〜940Mの乗継ぎで日着が実現しています。

それでも日着乗継ぎは16時間以上もかかっていたため、

最速乗継ぎの地位は、依然として青函深夜便コースが保っていました【194ページ表中②】。日着といっても、1日の活動時間はほぼ列車と連絡船に乗りづめですから、目的地で有効に時間を使うには、まだ従来の最速乗継ぎが頼りだったのです。

不思議なことに東北新幹線が上野まで達し、最高時速が210キロから240キロにアップした昭和60年3月時点でも、青函深夜便コースの最速ぶりは健在で、大宮での乗換えロスがなくなったぶん、昭和57年11月時点より1時間以上も短縮されて、上下とも14時間台になっています【194ページ表中③】。

これに風穴が空いたのは、国鉄最後のダイヤ改正となった昭和61年11月のこと【194ページ表中④】。このときは13時間台まで短縮され、下りだけは日着圏乗継ぎが最速となり、昭和57年11月のダイヤ改正時よりおよそ3時間も短縮されています。札幌の到着時刻は昭和57年当時とほとんど変わっていないものの、上野発は7時台から9時台にシフトしたので、少し朝寝坊をしても上野～札幌間日着の旅が可能になっています。

津軽海峡線の開業で日着列車が上下とも最速に――昭和63年～平成12年

昭和63年（1988）、23年の歳月をかけて青函トンネルが完成したことにより、新中小国信号

■津軽海峡線開業以後
（昭和63年3月〜平成12年3月）

S＝スーパー

	発	列車	乗換	列車	乗換	列車	着	所要時間
①昭和63年（1988）3月13日津軽海峡線開業	上野 7:52	やまびこ1号	盛岡 10:24 10:32	はつかり5号	函館 14:51 15:00	北斗11号	札幌 18:44	*10:52*
	札幌 11:37	北斗8号	函館 15:21 15:29	はつかり26号	盛岡 19:52 20:00	やまびこ4号	上野 22:32	*10:55*
②平成3年（1991）6月20日東北新幹線東京開業	東京 8:00	やまびこ1号	盛岡 10:36 10:45	はつかり5号	函館 14:54 15:01	北斗11号	札幌 18:46	*10:46*
	札幌 9:26	北斗6号	函館 13:13 13:33	はつかり22号	盛岡 17:51 18:00	やまびこ8号	東京 20:36	*11:10*
③平成9年（1997）3月22日全国改正	東京 8:00	やまびこ1号	盛岡 10:26 10:34	はつかり5号	函館 14:56 15:07	北斗13号	札幌 18:42	*10:42*
	札幌 6:48	S北斗2号	函館 9:47 9:54	はつかり14号	盛岡 14:02 14:10	やまびこ4号	東京 16:31	*9:43*
④平成10年（1998）12月8日JR東日本改正	東京 7:40	やまびこ3号	盛岡 10:09 10:17	はつかり5号	函館 14:37 15:02	S北斗13号	札幌 18:13	*10:33*
	札幌 12:28	S北斗12号	函館 15:34 15:38	はつかり26号	盛岡 19:56 20:04	やまびこ26号	東京 22:32	*10:04*
⑤平成12年（2000）3月11日全国改正	東京 12:04	やまびこ13号	盛岡 14:38 14:48	はつかり13号	函館 19:13 19:23	S北斗21号	札幌 22:41	*10:37*
	札幌 7:00	S北斗2号	五稜郭 10:07 10:09	はつかり14号	盛岡 14:14 14:22	やまびこ16号	東京 16:52	*9:52*

場〜木古内間の海峡線が開通、青函航路に代わり青森〜函館間の津軽海峡線が営業を開始しました。これに伴い、3月13日にダイヤ改正が実施され、上野〜札幌間には3往復の寝台特急「北斗星」が誕生。青森〜函館間では青函連絡船が担っていた使命を新設された快速「海峡」が受け継ぎました。一方、これまで盛岡〜青森間で運行されていた特急「はつかり」は2往復が函館まで延長され、新幹線を利用しての北海道連絡がより強化されています。

平成9年3月のダイヤ改正から東京〜札幌間最速列車の一翼を担うようになった「スーパー北斗」

津軽海峡線が開業したことで、青森〜函館間は特急で2時間あまりとなり、青函航路の3時間50分を大幅に短縮。加えて「はつかり」を利用すれば青森での乗換えロスがなくなるため、上野〜札幌間の最速乗継ぎは改正前の13時間台から10時間台まで短縮されました。また、上りの最速もこの改正で日着となり、優雅な旅は「北斗星」、急ぎの旅は東北新幹線と在来線特急の乗継ぎというパターンがこのときから確立されました。

なお、津軽海峡線の開業に伴い、青函航路は翌日の3月14日に廃止されたため、改正日の3月13日は青函間で列車と青函連絡船の両乗りをすることができました。もっとも、青函連絡船は函館と青森で青函トンネルの開通を記念して開催された青函博の関係で、6月から9月まで臨時運航されたので、そのときも両乗りが可能でした。かくいう私も、青函博の時期にその機会に恵まれ、下りは連絡船、上りは12系客車で運行されていた臨時の快速「海峡」に乗り、青函間を一周したことがありました。

津軽海峡線開業後の最速乗継ぎは、東北新幹線が上野～盛岡間で最速を誇る「やまびこ１・４号」で、盛岡～函館間は「はつかり５・26号」、函館～札幌間は「北斗11・８号」で、「北斗」はすでにキハ80系から「キハ１８３系」と呼ばれる新鋭の特急型気動車に交替しています【１９７ページ表中①】。

下りの乗継ぎは、平成12年（２０００）３月のダイヤ改正まで、ほぼ同じ時間帯で推移していますが、平成３年６月には東北新幹線が東京まで開業し、東京～盛岡間は最速２時間36分に【１９７ページ表中②】。秋田新幹線が開業した平成９年３月のダイヤ改正では、上りで北海道側の最速列車が「スーパー北斗２号」に変わりました【１９７ページ表中③】。

「スーパー北斗」は、平成６年３月から運行を開始した函館～札幌間の速達列車で、「キハ２８１系」と言う振子式気動車を使用することで最高時速１３０キロを実現し、同区間を最速２時間59分で結ぶようになりました。

「スーパー北斗２号」は、本州との連絡を意識したのか、まさに最速の「スーパー北斗」で、東室蘭～函館間は客扱い停車を行なわない駿足ぶりを誇っていました。

平成10年12月のダイヤ改正では、東北新幹線で国鉄時代からの200系に代わって、前年3月の改正でデビューした「E2系」と呼ばれる新型車が増備され、東京〜札幌間の最速列車を担う「やまびこ3・26号」も同系が充当されています。また、北海道側では上下とも「スーパー北斗」が担うようになり、同年4月の改正から改良タイプの「キハ283系」と呼ばれる気動車が投入されています【197ページ表中④】。

次の平成12年3月に行なわれたダイヤ改正では、最速列車の時間帯が大幅に変わり、上りの「スーパー北斗」と「はつかり」の乗継ぎ駅が五稜郭に変わっています【197ページ表中⑤】。

延びる東北新幹線、「はやぶさ」「はやて」の時代へ——平成14〜平成27年

平成14年（2002）12月、東北にまた新たな時代が到来しました。東北新幹線が八戸まで延伸し、北東北の列車体系が大きく変わったのです。

東北新幹線では東京〜八戸間の直通列車が全車指定制の「はやて」となり、「やまびこ」に代わる顔になりました。全列車がE2系で運行され、東京〜盛岡間は秋田新幹線「こまち」のE3系を併結。東京〜盛岡間の途中停車駅は大宮、仙台のみという徹底した速達ぶりでした。

これにより八戸で接続する在来線列車のラインナップも大きく変わり、盛岡〜青森・函館間の

■東北新幹線八戸開業以後
（平成14年12月〜平成27年3月）

S＝スーパー

								所要時間
①平成14年（2002）12月1日 東北新幹線八戸開業	東京 7:56	はやて3号	八戸 11:00 / 11:10	白鳥3号	函館 14:19 / 14:26	S北斗13号	札幌 17:48	9:52
	札幌 12:22	S北斗12号	函館 15:29 / 15:40	S白鳥28号	八戸 18:41 / 18:55	はやて28号	東京 22:08	9:46
②平成18年（2006）3月18日 全国改正	東京 7:36	はやて3号	八戸 10:39 / 10:50	白鳥3号	函館 13:58 / 14:13	S北斗13号	札幌 17:29	9:53
	札幌 10:37	S北斗10号	函館 13:50 / 13:54	S白鳥28号	八戸 16:45 / 16:56	はやて28号	東京 20:08	9:31
③平成22年（2010）12月4日 東北新幹線新青森開業	東京 6:28	はやて11号	新青森 10:01 / 10:16	S白鳥11号	函館 12:22 / 12:30	S北斗9号	札幌 15:44	9:16
	札幌 7:00	S北斗2号	函館 10:11 / 10:17	S白鳥26号	新青森 12:19 / 12:28	はやて26号	東京 16:08	9:08
④平成23年（2011）3月5日「はやぶさ」登場	東京 9:36	はやぶさ3号	新青森 12:46 / 13:03	S白鳥19号	函館 15:10 / 15:18	S北斗13号	札幌 18:35	8:59
	札幌 12:22	S北斗12号	函館 15:38 / 15:55	S白鳥40号	新青森 17:56 / 18:14	はやて28号	東京 21:24	9:02
⑤平成27年（2015）3月14日 全国改正	東京 9:36	はやぶさ11号	新青森 12:35 / 12:46	S白鳥11号	函館 14:58 / 15:13	S北斗11号	札幌 18:43	9:07
	札幌 12:13	S北斗10号	函館 15:46 / 15:56	S白鳥34号	新青森 18:01 / 18:24	はやぶさ34号	東京 21:23	9:10

特急「はつかり」と青森〜函館間の快速「海峡」が全廃。代わって、八戸〜函館間にはJR北海道が受け持つ「スーパー白鳥」、JR東日本が受け持つ「白鳥」が運行されるようになりました。「白鳥」は、「はつかり」で使用していた「485系3000番代」と言う車両を受け継ぎましたが、「スーパー白鳥」はJR北海道が新たに発注した「789系」と言う新型電車が投入され、北海道連絡列車のイメージが大きく塗り替えられました。

「北斗星3号」と並んだ営業運行初日の「スーパー白鳥2号」(左)

東北新幹線の八戸開業効果により、東京～札幌間の最速列車は「はやて」～「白鳥」または「スーパー白鳥」～「スーパー北斗」の乗継ぎで10時間をわずかに切るようになりました。また、下りの東京発は再び7時台となり、改正前より40分程度スピードアップしています【201ページ表中①】。

次の平成18年3月のダイヤ改正では、東北本線と津軽海峡線の接続改善と「スーパー白鳥」の増発を受けて、上りの最速列車は2時間ほど繰り上がり、15分程度スピードアップしています【201ページ表中②】。

そして平成22年12月、東北新幹線は念願の新青森までの全通を果たし、東京～新青森間は最速3時間20分で結ばれるようになりました。これにより「スーパー白鳥」「白鳥」は新青森発着となり、下りの

北海道連絡にも新風を送り込んだE5系「はやぶさ」。北海道新幹線開業時にはJR北海道のH5系とともに北海道を走ることになる

最速列車は東京発が1時間ほどシフトし6時台に繰り上がり、札幌着が15時台となりました。一方、上りでは最速列車が3時間37分繰り上がり、札幌を一番に出る「スーパー北斗2号」が最速列車の先陣を担うようになりました。

この改正では在来線特急がすべてスーパー化されたこともあり、最速所要時間は平成18年3月時点より最大40分ほど短縮され、9時間を切るのは時間の問題となりました【201ページ表中③】。

その9時間の壁を破ったのが、平成23年3月5日から東北新幹線で運行を開始した新たな列車「はやぶさ」でした。「E5系」と呼ばれる最高時速320キロ運転が可能な新型車両で、宇都宮～盛岡間は最高時速300キロで運転。新青森寄りにはグリーン車より豪華な「グランクラス」と呼ばれる特別車両を連結するなど、鳴物入りで登場しました。もっとも、3月11日に発生した東日本大震災では、東北新幹線の設備が大打撃を受けたことから、4月28日まで運行中止され、出端を挫かれています。

「はやぶさ」の登場により、東京〜新青森間は最速3時間10分で結ばれるようになり、下りの東京〜札幌間の最速はわずかに9時間を切る8時間59分となっています。また、最速列車は改正前より下りは3時間以上、上りは5時間以上発車時刻がシフトしています【201ページ表中④】。

以来、平成27年3月のダイヤ改正まで、最速列車の時間帯や所要時間に大きな変化はありませんが、平成25年11月から実施されている「スーパー北斗」の減速運転などの影響もあって、現在は上下とも再び9時間台の最速運転となっています【201ページ表中⑤】。

「はやぶさ」は、北海道新幹線が開業する平成28年3月26日、その名のまま新函館北斗まで乗り入れることになっており、北海道新幹線の札幌延伸まで東京〜札幌間最速列車の顔であり続けることでしょう。

Column

乗継割引のはなし

現在、上野〜札幌間を鉄道だけで移動する場合、臨時寝台特急「カシオペア」を除けば、最低3本の列車を乗り継ぐことになります。その場合、列車ごとに特急・急行料金、指定席を利用すれば指定席料金がかかります。しかし、それでは長距離の利用客への負担が大きくなるということで、国鉄時代から制定されていたのが乗継割引制度でした。

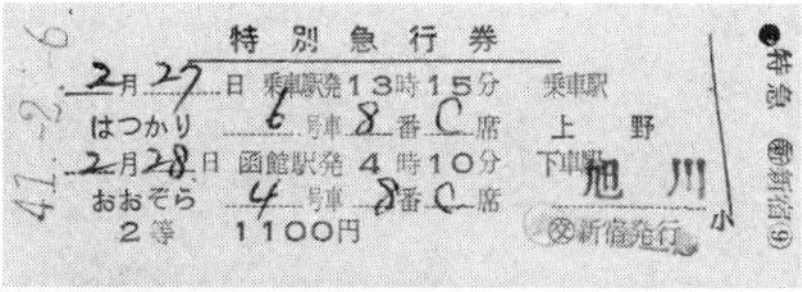

特急料金が通算された「はつかり」＋「おおぞら」の一葉式特急券。席番は双方で同じとなっている

津軽海峡線が開業する以前、上野〜札幌間を移動するには、青函連絡船の関係で青森と函館で乗継ぎが必要でした。本州側、北海道側ともに戦前から優等列車として急行が運行されていましたが、昭和30年代前半までは、乗継割引制度はありませんでした。ところが、昭和36年（1961）10月のダイヤ改正では、函館〜旭川間に北海道初の特急「おおぞら」が誕生。昭和33年から上野〜青森間で運行されていた特急「はつかり」とともに、青函連絡船を介しての上野〜旭川間の特急乗継ぎが実現することになりました。そこで、考え出されたのが、2本の列車を1本の列車と見なして、通算の特急券を発売することでした。

本来、国鉄の列車料金は1個列車ごとが原則でしたが、上野〜青森間で比較した場合、当時の2等特急料金は急行料金のおよそ3倍でしたから、原則どおりですと割高感は否めません。国鉄としても新しい特急をアピールするためにも、料金を通算することで特急の割安感を出したかったのでしょう。

その当時の切符は205ページのように「一葉式」といって、2列車（「はつかり」と「おおぞら」）の特急券が1枚になっていました。これを「結合特急券」と言います。「はつかり」「おおぞら」ともに全車が座席指定なので、席番も通しで指定されていました。

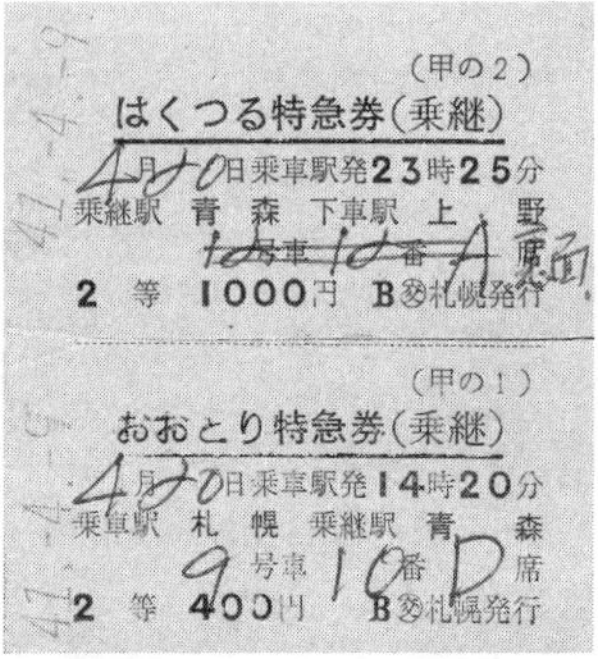

乗継割引が制度化された後の「はくつる」＋「おおとり」の一葉式特急券

しかし、この方式は列車変更やキャンセルが発生すると取扱いが煩雑になるため、昭和41年3月の営業制度改正から、現在のように営業キロをベースに、列車ごとに料金を算定する方法に改められました。ただ、その方法では通算方式より割高になるため、北海道側の特急・急行料金、指定席料金を半額にする割引制度がスタートしたわけです。その際には次のようなルールが定められました。

①上野〜青森間は、東北本線（常磐線を含む）または奥羽本線を経由する特急または急行を利用。
②函館以北の北海道内は特急または急行を利用。
③乗継ぎ駅は青森と函館に限る。
④先乗列車（下りの場合、上野発の特急・急行）から後乗列車（下りの場合、函館発の北海道内

■乗継割引制度の変遷

【　】内は半額となる列車、〜は青函航路

昭和41年（1966）3月　乗継割引制度がスタート
上野—［特急・急行］—青森〜函館—【特急・急行】—札幌
昭和44年（1969）5月　本州内の列車が特急に限定
上野—［特急］—青森〜函館—【特急・急行】—札幌
昭和57年（1982）6月　東北新幹線との乗継割引制度がスタート
上野—大宮—［新幹線］—盛岡—【特急】—青森〜函館—【特急・急行】—札幌
昭和63年（1988）3月　津軽海峡線開業
上野—［新幹線］—盛岡—【特急】—函館—【特急・急行】—札幌
上野—［新幹線］—盛岡—【特急】—青森—［快速］—函館—【特急・急行】—札幌
上野—［新幹線］—盛岡—【特急】—青森—【急行】—札幌
平成12年（2000）3月　乗継指定駅に五稜郭が加わる
東京—［新幹線］—盛岡—【特急】—函館または五稜郭—【特急・急行】—札幌
東京—［新幹線］—盛岡—【特急】—青森—［快速］—函館または五稜郭—【特急・急行】—札幌
東京—［新幹線］—盛岡—【特急】—青森—【急行】—札幌
平成14年（2002）12月　東北新幹線八戸開業
東京—［新幹線］—八戸—【特急】—函館または五稜郭—【特急・急行】—札幌
東京—［新幹線］—八戸—【特急】—青森—【急行】—札幌
平成22年（2010）12月　東北新幹線新青森開業
東京—［新幹線］—新青森—【特急】—函館または五稜郭—【特急・急行】—札幌
東京—［新幹線］—新青森—青森—【特急・急行】—函館または五稜郭—【特急・急行】—札幌
東京—［新幹線］—新青森—青森—【急行】—札幌

特急、急行）への乗継ぎは当日中または翌日に限る。
⑤割引は先乗列車と後乗列車の料金券同時購入に限る。

このように片方の料金を割り引く乗継割引制度は、昭和40年10月のダイヤ改正で関西〜九州間に初の寝台特急が新設された際、新大阪で東海道新幹線からの乗継ぎを考慮したことから生まれました。以来、ルールは何回か改正されており、①については昭和44年5月の営業制度改正で特急のみに限定。東北新幹線大宮〜盛岡間が開業した昭和57年6月には、東海道・山陽新幹線と同様に新幹線と在来線の乗継割引制度が適用された関係で、盛岡〜青森間の特急も半額の対象になりました。ただし、新幹線から在来線への乗継ぎは、昭和43年10月の営業制度改正で当日中の乗継ぎに限定されたため、翌日の乗継ぎが許されたのは、依然として青森と函館のみでした。在来線から新幹線への乗継ぎは翌日も認められたため、上りの盛岡も翌日乗継ぎが可能となっていました。

昭和63年3月に津軽海峡線が開業してからは青函連絡船が廃止になり、特急「はつかり」の一部が函館まで直通するようになりました。しかし、青函連絡船部分は青森〜函館間の快速「海峡」が担うことになったので、③の乗継ぎ駅は国鉄時代と変わっていません。

平成12年（２０００）3月のダイヤ改正では、一部の特急が函館本線と江差線の分岐駅である五稜郭にも停車するようになったため、乗継ぎ駅に同駅が加わっています。さらに、東北新幹線が新青森まで到達した平成22年12月、乗継ぎ駅は現在のように新青森、青森、五稜郭、函館となり、東北新幹線との乗継ぎに限り、新青森・青森〜函館間の特急と函館〜札幌間の特急（または青森〜札幌間の急行）の両方が半額になっています（奥羽本線の特急との乗継ぎは新青森・青森〜函館間の特急と青森〜札幌間の急行が半額）。

ところで、そんな乗継割引制度にも、意外な〝抜け穴〟がありました。

現在、東北新幹線から新青森または青森での乗継ぎは当日中に限られていますが、その逆は翌日も可能です。これは、夜行列車と新幹線との乗継ぎを考慮してのことで、実際、上りでは急行「はまなす」と東北新幹線「はやぶさ」を乗り継ぐ場合、新青森での乗換えは翌日になってしまいます。このルールは列車を特定したものではないですし、乗継ぎ時間の制限もありませんから、たとえば夜遅くに北海道から青森に着いて宿泊。翌日は青森周辺を観光し、新青森で最終の東北新幹線に乗り継いでも半額の特急券を利用できるわけです。本来は最速の乗継ぎを意識した制度なのですが、国鉄時代から生きている半ば慣習化したルールですし、細かく例外をつくってしまってはかえって運用が困難になる懸念もあったのでしょう。このことを知ったうえでうまく旅をしている人もいます。

抜け穴はもうひとつあります。それは、北海道内の列車を使うだけでも、本州側の乗継券を購入しておくと安くなることです。

たとえば国鉄の最末期、札幌〜函館間の指定席特急料金は２７００円でしたが、青森から野辺地までの自由席特急券（６００円）を同時購入すると、札幌〜函館間の指定席特急料金が半額となり、トータルで１９５０円。７５０円も安くなっていたのです。

本来、乗継割引制度は、札幌〜仙台とか札幌〜上野というような長距離の旅客を優遇することを念頭に置いた制度なのですが、これは本州側で利用する特急に距離制限を設けなかったことから生じるパラドックスでした。実は私も中学時代に何回も時刻表を読んでいてこの抜け穴に気がつき、函館まで特急で行く際は必ず青森〜野辺地間の特急券も同時購入していました。制度の趣旨から外れた〝法律ギリギリ〟な使い方なので、あざといと言われても仕方がありませんが……。

そんな乗継割引制度も、北海道新幹線が開業すると乗継ぎ駅が新函館北斗のみに変更され、存続することが決まっています。

第五章

北海道新幹線開業後の東京〜札幌間

全幹法の制定から46年――北海道新幹線開業までの道のり

平成28年（２０１６）３月26日に開業する北海道新幹線は、昭和45年（１９７０）５月に制定された全国新幹線鉄道整備法（全幹法）に基づき、その３年後の昭和48年11月に整備計画が決定しました。国が新幹線の建設を行なう、いわゆる「整備新幹線」のひとつとなったわけです。

しかし、昭和57年、国鉄の財政悪化が深刻化したことを受けて、北海道新幹線を含む整備計画は凍結され、昭和62年に国鉄が分割民営化されるまで着工に至りませんでした。新幹線の運転を念頭に昭和63年３月に開通した青函トンネルも、当面は在来線のみの運行に留まることになりました。

しかし、整備新幹線の建設事業はこの頃から再び動き出し、与党・自民党が整備新幹線３線（北陸・九州・東北）の整備を優先して行なうことを決定。その手始めとして、北陸新幹線高崎～長野間の建設に動き始めました。この区間は高崎～軽井沢間が平成元年８月に、軽井沢～長野間が平成３年９月に着工し、長野オリンピック開催前の平成９年10月には初の整備新幹線区間として開業。当初は通称・長野行新幹線（のちに長野新幹線）と呼称されました。

高崎～長野間の開業を１年後に控えた平成８年12月には着工順位の見直しが行なわれ、北海道

JR東日本のE5系とともに北海道新幹線へ投入されるJR北海道のH5系

■北海道新幹線の路線図

新幹線は新青森～札幌間のルート・駅の公表後に環境影響評価を実施することが与党・自民党内で合意。平成10年2月には、新函館（当時の仮称）までの工事実施計画の認可申請が政府・与党合意で取り決められました。その際、新青森～札幌間を現在の函館本線に沿う形の北回りルートとし、途中に設置する7駅の駅名（仮称を含む）

新幹線開業前の平成28年3月21日が最後の運行となる「スーパー白鳥」

が公表されています。

さらに東北新幹線盛岡〜八戸間の開業が近くなった平成12年12月には、環境影響調査の実施後に札幌までの工事実施計画の認可申請を行なうという政府・与党合意がなされ、九州新幹線鹿児島中央〜新八代間が開業した後の平成16年12月には、翌年度からの新青森〜新函館間の着工が合意されました。そして平成17年4月に晴れて工事実施計画が認可され、翌5月、新函館北斗駅となる函館本線渡島大野駅で起工式が行なわれました。全幹法の公布から足掛け35年で北海道新幹線はようやく着工にこぎつけたのです。

残る新函館〜札幌間は民主党政権時代の平成24年6月に工事実施計画が認可され、同年8月に着工しています。建設費財源の一部を新幹線を運行するＪＲから支払われる線路貸付料に充てるため、収益性の高い区間から開業する方針が打ち出されたことなどから、札幌開業は平成47年度末目途とされていましたが、地元の強い働きかけもあり、自民党へ政権が移ったのちの平成27年1月に開かれた政府・与党の整備新幹線検討委員会で5年前倒しが決定し、開業は平成42年度末を目指すとされました。

新函館北斗までの開業を控え、平成27年3月のダイヤ改正から夜行列車を中心に津軽海峡線を通過する在来列車の削減が始まり、上野〜札幌間の「北斗星」と大阪〜札幌間の「トワイライトエクスプレス」が廃止。臨時列車として継続運行された「北斗星」も8月には廃止されています。その後は新青森〜函館間の昼行特急「スーパー白鳥」「白鳥」はもちろん、上野〜札幌間の「カシオペア」やＪＲ唯一の急行として青森〜札幌間に残っていた「はまなす」も廃止されることがアナウンスされ、津軽海峡線のうち、貨物列車と線路を共用する新中小国信号場〜木古内間を通過する旅客列車は新幹線のみとなります。「スーパー白鳥」「白鳥」「はまなす」「カシオペア」は北海道新幹線開業前の3月21日発までに廃止が決まっており、3月22〜25日は新幹線開業直前の設備切替えが行なわれます。これを機に、東京〜札幌間の鉄道体系は大変革を遂げることでしょう。

東京〜札幌間の日帰りは可能になるが——

　では、北海道新幹線が開業すると、東京〜札幌間の鉄道移動はどのように変わるのでしょうか。東京〜新函館北斗間の新幹線は「はやぶさ」10往復が運行されますが、新函館北斗〜札幌間の在来特急「スーパー北斗」「北斗」と接続する列車は左表のように8往復となります。このうち最速の列車は、下りが東京8時20分発の「はやぶさ5号」と東京9時36分発の「はやぶさ11号」、上りが新函館北斗17時21分発の「はやぶさ34号」で、東京〜新函館北斗間を4時間2分で結びます。

　これにより、東京〜札幌間の最短所要時間は、下りが現在より1時間23分短い7時間44分、上りが現在より1時間19分短い7時間51分になります。

　また、日中の最終列車は、下り東京発が現行より2時間繰り下がった15時20分、上り札幌発が2時間31分繰り下がった14時44分となります。

　上下とも所要時間が1時間20分前後短縮されているのは、さすが新幹線効果というほかはありませんが、それでも東京発基準では所要時間3時間台の空路にはかないません。新函館北斗までであっても空路に1時間程度のアドバンテージがあるため、もともと鉄道のシェアが大きかった東京〜金沢間の北陸新幹線のような爆発的効果は望み薄でしょう。

それでも、東京を会社の終業時間後の17時過ぎに新幹線に乗れば、22時台には函館市内に入ることができる点は大きいです。現在は空路の最終便が17時台になるため、東北新幹線と急行「はまなす」の乗継ぎしか選択肢がなく、函館に着くのが1時近くになっていましたから、この点はかなりの前進です。これなら、翌日一番の飛行機に乗らず、終業後に新幹線に飛び乗り函館で前

■新幹線開業後の東京〜札幌間時刻

《下り》

列車名	東京	新函館*	札幌	所要時間
はやぶさ1号〜S北斗9号		10:58	14:41	8:09
	6:32	11:09		
はやぶさ5号〜S北斗11号		12:22	16:04	7:44
	8:20	12:34		
はやぶさ11号〜北斗13号		13:38	17:41	8:05
	9:36	14:11		
はやぶさ13号〜S北斗15号		14:37	18:41	8:21
	10:20	15:15		
はやぶさ19号〜北斗17号		16:34	20:34	8:14
	12:20	16:55		
はやぶさ21号〜北斗19号		17:51	21:48	8:28
	13:20	18:11		
はやぶさ23号〜S北斗21号		18:32	22:33	8:13
	14:20	19:09		
はやぶさ25号〜S北斗23号		19:50	23:40	8:20
	15:20	20:14		

《上り》

列車名	札幌	新函館*	東京	所要時間
S北斗2号〜はやぶさ16号		9:11	14:04	8:04
	6:00	9:31		
S北斗4号〜はやぶさ18号		10:23	15:04	8:12
	6:52	10:49		
北斗6号〜はやぶさ22号		12:18	17:04	8:25
	8:39	12:44		
北斗8号〜はやぶさ24号		13:07	18:04	8:34
	9:30	13:35		
S北斗10号〜はやぶさ26号		14:10	19:04	8:20
	10:44	14:44		
北斗12号〜はやぶさ30号		15:51	20:32	8:17
	12:15	16:17		
S北斗14号〜はやぶさ34号		16:54	21:23	7:51
	13:32	17:21		
S北斗16号〜はやぶさ38号		18:09	23:04	8:20
	14:44	18:36		

※時刻欄の網は最速列車を示す。S=スーパー、*=北斗

渡島大野駅を通過する函館行き「北斗」。新幹線開業後はここに在来特急全列車が停車する

泊、翌日を有効に使うことができるでしょう。

しかし、札幌までとなると、日中の最終列車が繰り下がる以外はあまりメリットはありません。新函館北斗の始終発列車に接続する札幌からの夜行列車が設定されないため、現行の急行「はまなす」と東北新幹線を乗り継ぐ東京トンボ帰りは不可能になります。

北海道新幹線開業後は、上り「スーパー北斗2号」〜「はやぶさ16号」、下り「はやぶさ25号」〜「スーパー北斗23号」の利用でトンボ帰りができ、しかも東京〜札幌間では史上初めて日帰りが可能となります。とはいえ、東京での滞在時間はわずか1時間20分足らず。「はまなす」〜「はやぶさ」時代と比べておよそ7時間以上も短くなります。

これでは、東京駅丸の内口の復原駅舎を見物する程度しかできないでしょう。

逆に東京から札幌への日帰り旅も「時間的には」可能ですが、札幌での滞在時間はわずか3分。折返し列車の乗換えだけで終わってしまいそうな時間で、改札内コンコースでお土産や駅弁を買う時間すら怪しいです。札幌でのトンボ帰りは、乗り鉄目的以外では実質的に意味なしと思ったほうがよいでしょう。

新たな北海道連絡の拠点・新函館北斗駅はこんな駅

特急利用の場合、東京〜札幌間は、現在、新青森、函館と2回の乗換えが必要になっていますが、北海道新幹線開業後は新函館北斗駅での1回だけになります。では、新しい北海道連絡の拠点駅・新函館北斗駅はどのような駅なのでしょうか。

同駅は、1階が新幹線と在来線の乗り場、2階が乗換改札とコンコースになっています。駅構内は新幹線が2面2線、在来線が2面4線の構造となっており、新幹線ホームの長さは10両編成に対応した263メートル。降雪時を配慮してロードヒーティングも設置されています。新幹線ホームは11・12番となりますが、12番ホームの隣は札幌延伸時には13番ホームとして使用するようになっており、すでにレールがない状態の路盤ができています。

開業準備が進められている新函館北斗駅。訪れた平成27年12月時点では駅前に商店の類はまったくなかったが、開業後にホテルやレストラン、レンタカー店、駐車場が設置されるという

■新函館北斗駅　構内図

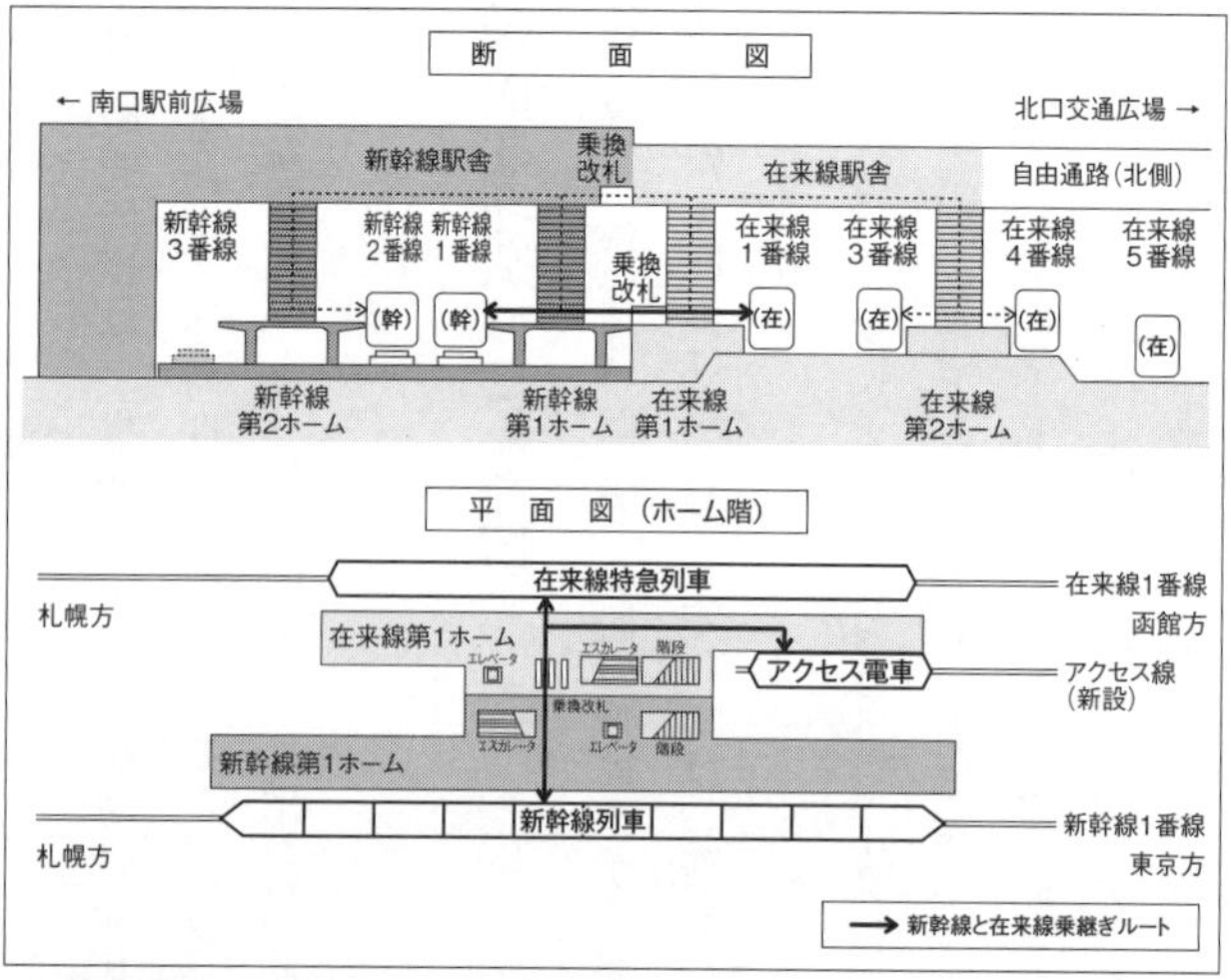

新幹線1番線は11番ホーム、新幹線2番線は12番ホームが対応。平面図の新幹線第1ホームは11番ホームのこと。アクセス電車は「はこだてライナー」のこと

新函館北斗駅は現在、函館本線渡島大野駅として使われている

在来線が発着する1・2番ホーム（在来線第1ホーム）へ通じる平面乗換え口。ここには開業時に自動改札機が設置される

在来線第2ホームから見た在来線第1ホームの平面乗換え口。在来線の特急は第1ホームに上下とも停車するが、列車によっては第2ホームに停車することもある

新幹線11番ホームの駅名標

在来線第1ホームの函館方にはアクセス電車「はこだてライナー」用ホーム
がある。手前の列車は「はこだてライナー」に使われる733系1000番代、
奥の列車は函館行きの特急「北斗」

新幹線ホームの可動柵に付いている新幹線の乗車位置案内

2面2線となっている新幹線ホーム。開業時は終着駅なので通過列車はないが、ホームには可動柵を設置。扉の色は駅によって異なり、新函館北斗駅は地元産のマルメロ（西洋かりん）をイメージした黄色となっている。異常時を考慮して列車防護スイッチが25メートル間隔で設置されている

2階にある新幹線改札口。自動改札機が4基設置されており、平面乗換え以外はここを通って1階に降り、新幹線に乗り込む

12番ホームに設置されている発車時刻案内板

12番ホームの柵で覆われている側（写真右）は札幌延伸時に13番ホームとして使用される予定で、路盤が確保されている（写真左）

2階にある改札内コンコース。左手が新幹線用、右手が在来線用の改札口となる

北口交通広場の函館寄りにあるモニュメント。右手に見えるのはかつて渡島大野駅で使われていた油庫で、車両の照明にランプを使っていた時代に、ここから点灯用の油を出し入れしていた

新函館北斗駅の売りは、九州新幹線部分開業時の新八代駅に準じた新幹線と在来線の平面乗継ぎが可能な点です。ただしそれができるのは、新幹線11番ホームと在来線1・2番ホームの間だけで、新幹線12番（第2）ホームと在来線第1ホーム、在来線第2ホームと新幹線ホームの間の移動では、いったん、2階に上がる必要があります。そのため平面乗継ぎの時間は10分程度ですが、それ以外は20～30分程度となっています。

同駅は高さ15メートルの大型ガラスで覆われていることから、2階からの眺望は素晴らしく、晴れていればコンコースから函館山を見渡すことができます。また、北口交通広場の函館寄りには、かつて渡島大野駅で使用していた油庫がモニュメントとして設置されています。

発売額をめぐって賛否両論、北海道新幹線の料金

平成27年（2015）10月、JR北海道は国土交通省へ北海道新幹線の料金上限額を認可申請しました。

これによると、通常期の新青森～新函館北斗間の指定席特急料金は4450円。東北新幹線から直通する場合、新青森を境に打切り計算になるため、これに東京～新青森間の「はやぶさ」指定席特急料金7200円（通常期）を加えると1万1650円となります。ただし、指定席を東

北新幹線と北海道新幹線を通しで利用する場合は、1席分の指定席料金で済むため、この額から520円を引いた1万1130円が東京～新函館北斗間の正式な指定席特急料金となります。グリーン料金やグランクラス料金も東北新幹線の分と北海道新幹線の分を合算することになります。

新函館北斗で接続する在来特急の特急料金は乗継割引が適用されるため半額となり、新函館北斗～札幌間の指定席特急料金は1550円。これに新幹線の指定席特急料金を加算すると、東京～札幌間の新たな指定席特急料金は1万2680円となります。東京～札幌間とほぼ同じ距離である東京～博多間の指定席特急料金は「のぞみ」利用で9130円ですから、東京～札幌間は東京～博多間より4割ほど割高という計算になってしまいます。

この料金は平成27年12月に認可されていますが、11月に開催された国土交通省の公聴会では、3人の公述人から総じて「高い」という指摘を受けたのに対して、JR北海道は「新幹線開業でこれまで以上に青函トンネルの維持費用がかかることをご理解願いたい」と弁明しています。

国土交通省運輸審議会の答申書『北海道旅客鉄道株式会社からの鉄道の特別急行料金の上限設定認可申請について』によると、北海道新幹線の運行に関わる総括原価（能率的な経営の下における適正な原価に適正な利潤を加えたもの）は、平成28～30年度の3年間で160億円で、これに対する収入は111億円。差し引き48億円の赤字になると試算されており、高額な料金はこの点が加味されています。原価がかかる点については、青函トンネルを中心とする貨物列車と線路を共用する区間で新幹線用の標準軌と貨物列車用の狭軌を兼ねた3線軌となることで維持に手数がかかること、線路使用料にＪＲ貨物の負担分が入っていないことなど、北海道新幹線固有の問題が原因とされています。

ちなみに、北海道新幹線の開業前と比べると、東京〜札幌間の値上げ幅は２８１０円となります（「はやぶさ」利用の場合）。新幹線の開業で東京〜札幌間の鉄路は最大1時間23分短縮されますが、値上げ幅を短縮された時間で割ると、1分あたりの短縮に34円ほどかかっている計算になります。これを昭和63年（１９８８）3月の津軽海峡線開業時と比較してみると、短縮時間は2時間30分程度だったのに対して、特急料金は７７００円の据置きでした。この頃から青函トンネルの維持費がかかることは見込めたと思われますが、当時の特急料金は津軽海峡線が開業する前の国鉄時代に認可された一律のものであったため、固有の問題を加味する考えが一切ありませんでした。

それでも津軽海峡線開業後は青函トンネルブームが続き、平成2年頃までは輸送人員が右肩上がりでしたからなんとか賄えたのかもしれません。しかし、その翌年以降は漸減傾向が続き、津軽海峡線の列車はより単価の高い列車へシフト。平成11年7月にはオールＡ寝台車の「カシオペア」が運行を開始し、さらに平成14年12月には津軽海峡線を通過する昼行列車がすべて特急化されています。そして今回のオール新幹線化でさらに単価は上がり、青森〜函館間を利用する乗客にとっては東京〜新函館北斗間以上の割高感となっています。

ＪＲ北海道とＪＲ東日本ではそんな割高感を緩和しようと、北海道新幹線の開業時から利用できる、列車・席数・区間限定の割引切符(注)を発売することにしています。

(注) ▼列車・席数・区間限定の割引切符……ＪＲ北海道では「北海道ネットきっぷ」「北海道お先にネットきっぷ」を発売。インターネット上で予約を受け付け、決済はクレジットカードのみとなる。両者の違いは割引率と発売期間で、「北海道お先にネットきっぷ」のほうが予約期間が短い分、割引率が高くなっている。割引率は区間によって変動する。ＪＲ東日本では同じ割引率の「えきねっとトクだ値」「えきねっとお先にトクだ値」として発売。

札幌延伸が残り15年もかかる理由

北海道新幹線の札幌延伸が具体的に動き出したのは平成8年（1996）12月のことでした。与党・自民党内に設置された整備新幹線検討委員会において、新青森〜札幌間の駅・ルートの公表後に環境影響評価を実施することが確認され、平成10年1月、政府側がこれを了承し、翌2月に駅・ルートが公表されています。

その後、幾多の紆余曲折を経ながらも、平成17年4月にはついに新青森～新函館（当時の仮称）間の着工が認可され、翌5月に着工。新函館～札幌間については、自民党の政権浮揚の一環として着工への動きが始まり、平成20年1月には長万部駅と倶知安駅の駅部調査が行なわれています。

ところが平成21年9月、民主党へ政権交代したのを機に札幌延伸は大きく後退。その後はいわゆる〝事業仕分け〟の影響を受けて整備新幹線関連予算が削減の方向へ向かい始めましたが、新幹線開業後にＪＲが支払う線路貸付料を建設の財源に充てる見通しが立ったことを受けて、平成24年6月には新函館～札幌間の工事実施計画が認可されました。

このときに定められた開業目途は平成47年度末とされましたが、自民党へ政権が移った後の平成27年1月には、政府・与党の申し合わせにより、開業時期を5年前倒しした平成42年度末目途とされました。

それでも、札幌開業は本書の発刊から15年先のことになります。昭和39年（１９６４）10月に開業した東海道新幹線５００キロあまりがわずか5年の工期で完成したことを思うと、それより半分以下の距離である新函館北斗～札幌間になぜ3倍近い時間かかるのか……その理由には次のようなことがあげられます。

―財源の問題―収益性の高い新幹線が優先的に開業する

北海道新幹線は国が建設する整備新幹線です。整備新幹線は昭和45年（１９７０）５月に制定された全国新幹線鉄道整備法（全幹法）が根拠になっており、北海道新幹線の整備計画は昭和48年11月に決定しています。国が建設する以上は、財源の問題が付いて回ることになり、時の政権運営や景気判断に大きく左右されてきました。

東海道新幹線の場合は、基本的にかつての国鉄が建設しています。もちろん、建設の際は世界銀行からの借款も行なわれており、政府保証を引き出すために政治に翻弄されたことはあったにせよ、建設は整備新幹線のような〝他力本願〟ではありません。昭和39年に東京オリンピックが開催され、それに合わせるように国も後押ししたという側面はありますが、状況さえ整えば、札幌延伸が東海道新幹線並の工期で実現できても不思議ではないでしょう。

整備新幹線の場合、建設に際する負担割合は、ＪＲから支払われる線路貸付料を除外した分のうち、国が３分の２、沿線の地方公共団体が３分の１とすることが取り決められています。

そのため、収益性の高い新幹線から先に開業させ、そこから得た線路貸付料を北海道新幹線の建設に充てることが既定の流れになりました。

平成14年12月、整備新幹線としては2番目の開業となった東北新幹線盛岡～八戸間でデビューした「はやて」をPRする看板

その結果、平成9年10月の長野行（北陸）新幹線高崎～長野間を皮切りに、平成14年12月には東北新幹線盛岡～八戸間、平成16年3月には九州新幹線鹿児島中央～新八代間、平成22年12月には東北新幹線八戸～新青森間（東北新幹線全線開業）、平成23年3月には九州新幹線新八代～博多間（九州新幹線鹿児島ルート全線開業）、平成27年3月には北陸新幹線長野～金沢間がそれぞれ開業。そして北海道新幹線はようやく平成28年3月に部分開業します。

その後は、北陸新幹線金沢～敦賀間と九州新幹線長崎ルート（いわゆる長崎新幹線）武雄温泉～長崎間の開業が優先されており、いずれも平成34年度開業目途とされています。また、平成27年時点で北陸新幹線敦賀～新大阪間、九州新幹線新鳥栖～武雄温泉間が未着工となっており、この動向次第では北海道新幹線札幌延伸が影響を受けることも考えられます。

とはいえ、JRからの貸付料収入は財源全体の3割程度と言われており、残りの7割程度は国と自治体の負担に頼らざる得ないというのが現状のようです。財政負担を軽減するために貸付料を上げれば、特急料金の値上げに直結し、新幹線の利用者減で逆に収入が減る怖れもあり、そうなっては元も子もありません。

今後の消費税増税などによって財源を確保するという動きに出ることも考えられますが、受益がない地域の新幹線建設のために増税されるとなると、国民感情として納得いかない部分も出てくるでしょう。この痛し痒しの状況が建設財源確保の難しさでもあるようです。

―残土の問題―新函館北斗～札幌間の7割近くが長大トンネル

新幹線は少しでも所要時間を短縮するために、可能な限り路線をショートカットする形で建設するのが原則です。北海道新幹線の場合、函館を通らずに現在の渡島大野から札幌方面へ向かうルートになっているのは、函館へスイッチバックすることによる時間ロスをなくすためで、人口が多い室蘭市や苫小牧市を通る南回りルート(注)ではなく、倶知安町や小樽市を経由する北回りルー

新函館北斗駅の新幹線12番（第2）ホームから札幌方を望む。この先には新函館北斗駅を出てから最初のトンネル・村山トンネルがある

トを採用したものそのためです。これは、北海道新幹線があくまで札幌指向であることを表しています。

さらに新函館北斗～札幌間では可能な限り直線で走行できるように、長大トンネルが10本掘削されます。これは北陸新幹線長野～金沢間のおよそ半数ですが、10キロを超える長さのトンネルが7本もあり、新函館北斗～新八雲間の渡島トンネルは26・47キロもあります（新函館北斗以北では最長）。左表のとおり、新函館北斗～札幌間211・5キロのうち、67パーセントが長大トンネルとなります。このうち最もトンネルの割合が低いのは新八雲～長万部間、最も高いのは新函館北斗～新八雲間ですが、全体的にはほとんど夜行列車に乗っているような感覚になるのではないでしょうか。

このようにトンネルが占める割合が大きくなると、問題となるのが掘削の際に発生する残土の処理です。

■新函館北斗以北の長大トンネル

新函館北斗	
村山	5,625
渡島	26,470
野田追	8,170
新八雲（仮）	
立岩	16,980
長万部	
内浦	15,560
昆布	10,410
羊蹄	9,750
倶知安	
ニツ森	12,630
後志	17,975
新小樽（仮）	
手稲	18,750
札幌	

単位m、（仮）＝仮称

東京ドーム17杯分と言われるその受入れ先は沿線の自治体に頼っているのが現状です。残土は河川堤防の建設、農地や道路、団地の造成などに役立つため、費用を少しでも抑制したい建設主体の鉄道建設・運輸施設整備支援機構（鉄道・運輸機構）は、基本的に無償受入れの見解を示していますが、すでに使用している土地を使うことになる場合は補償が発生するという見解を持っている受入れ先もあります。また、残土には有害物質を含むものもあるので、その処理をどうするのかという問題もあります。

　これらのことが解決されないと、建設は思うように進まなくなる可能性があります。同じく大半がトンネルとなるJR東海の中央新幹線（リニア新幹線）の建設でも大量の残土が出ることが予測されており、工事は難航するのではと見られています。

―駅の問題―揺れる札幌駅の新幹線ホーム

　新函館北斗〜札幌間には、途中、新八雲（仮称）、長万部、倶知安、新小樽（仮称）の4駅が設置されます。仮称の2駅は、線形上、在来線の駅とは離れた場所に設置されることになっています。

このうち、新小樽駅は、在来線の駅から4キロほど離れた高台にある天神地区に駅ができる模様で、開業すれば日本最北の新幹線駅となります。

そして、東京〜札幌間の鉄路で一番肝心な終点・札幌駅は、新幹線ホームの設置問題で揺れています。

北海道新幹線新函館北斗〜札幌間着工認可の際は、札幌駅の1・2番ホームを新幹線ホームに転用することが盛り込まれていましたが、平成27年7月、突如、JR北海道が現駅の西側（桑園側）にホームを設置することを鉄道・運輸機構に提案していたことが明らかにされました。新幹線ホームを併設することで工事費が高騰することや在来線の発着に支障を来す怖れがあることを憂慮してのことでしたが、札幌駅周辺の整備計画を進める札幌市は、併設案として認可通りの1・2番ホーム転用案を支持しており、JR北海道との溝が一時深まったことがありました。

これについては、その後の12月に札幌市議会からJR北海道に対して併設案に関する全会一致の決議書が提出され、JR北海道側は「併設案が最良だと認識している」と回答しています。

この決議書を受けたJR北海道は、南口側のスペースを一部つぶしてそこに0番ホームを設置、新幹線ホームを0・1番とし、北口側に在来線用の12番ホームを新設する案を打ち出しています。

これについては札幌市と再度検討することになるということで、今後の成行きに注目したいところです。

　ちなみに、ＪＲが調査していた西側設置案は、現在の京王プラザホテル札幌の裏手にある、かつて函館本線の線路があった空き地を利用するものですが、ここは札幌市の所有になっている部分もあるので、西側案を飲めない札幌市が首を縦に振らないのは容易に想像できます。仮に西側にホームが設置されると、メインストリートの札幌駅前通りからは遠くなりますが、逆に北海道庁赤レンガ庁舎には近くなるので、観光客の動線が変化する可能性が考えられます。

　このほか、札幌駅の新幹線ホーム案は、地下建設案もありましたが、建設費が高騰することと、札幌市内では大深度地下工事の経験に乏しいため、ほとんど俎上に載らなくなっています。

―並行在来線の問題―危機感が際立つ函館本線長万部～小樽間

　国鉄が自前で新幹線を建設していた時代、沿線の自治体の負担もなく、新幹線開業後も並行する在来線を運営していたため、新幹線単体では黒字でも在来線が足を引っ張り赤字ということがよくありました。国鉄の財政悪化を招いた要因とされていますが、ＪＲ移行後の平成元年、現在の北陸新幹線高崎～軽井沢間の着工を前に、整備新幹線建設のスキームが定められてからは、新幹線の運行をＪＲが行ない、並行する在来線はその経営を分離することが可能になりました。新

現在の札幌駅1・2番ホーム。1番ホーム（一番左）の向こうに新幹線用の「0番ホーム」をつくる案も上がっているが……

幹線を運行するＪＲが第二の国鉄にならないようにとの措置です。

これにより、平成9年10月に当時の長野行新幹線高崎〜長野間が開業した際は、並行する信越本線軽井沢〜篠ノ井間がしなの鉄道に転換されています。しなの鉄道は沿線市町村が出資する第三セクター鉄道で、北陸新幹線長野〜金沢間開業後は長野〜妙高高原間もしなの鉄道北しなの線となっています。

実は高崎〜横川間や篠ノ井〜長野間も並行在来線に含まれるのですが、前者は、新幹線が当初の南回りから勾配が緩い北回りに変更されたことから、その地元合意と引換えに存続することになりました。また、後者はＪＲ東日本やＪＲ東海の特急が乗り入れる高収益路線であるため、ＪＲ東日本が経営を続けています。

つまり、並行在来線のどの部分を運営するかはＪＲに選択権があるわけで、自然と収益性の悪い区間は地元自治体が引き受けるか、廃止ということになってしまいます。ただし、このケースで廃止となったのは信越本線横川〜軽井沢間のみです。

北海道新幹線も例外ではありません。

新函館北斗開業時は、並行する木古内〜五稜郭間が道南いさりび鉄道に転換されることが決まっています。またＪＲ北海道は、札幌開業時に函館〜小樽間を経営分離することを平成22年に表明しており、平成24年6月の札幌延伸認可と引換えに、沿線自治体がこれに同意しています。

この区間の平成23年度の輸送密度（営業距離1キロあたりの1日の平均輸送人員）を見てみると、函館〜長万部間は２０００〜４０００人未満、長万部〜小樽間は５００〜２０００人未満に分類されています。国鉄末期、日本国有鉄道経営再建促進特別措置法（いわゆる「国鉄再建法」）により、輸送密度４０００人未満の線区が赤字ローカル線に認定され、廃止対象とされましたが、この基準を当てはめると函館〜小樽間全線が廃止の対象となってしまいます。もっとも五稜郭〜長万部間は貨物列車の動脈なので、ＪＲが経営分離するしないに拘わらず、鉄道が存続しなければ北海道全体に重大な影響を与えます。

また、函館〜新函館北斗（現在の渡島大野）間は厳密に言うと新幹線が並行していないので並

小樽市の西にある塩谷駅に停車する函館本線の普通列車。長万部～小樽間は1～2両の普通列車が行き交うだけで、国鉄再建法で定めた赤字ローカル線以下の輸送密度に甘んじており、札幌延伸時にはJRから経営分離される

行在来線ではなく、地元の函館市はこの区間の経営分離に強く反対していましたが、札幌延伸には沿線自治体の同意が欠かせませんから、事態を重く見たＪＲ北海道はこの区間を電化するなど、経営分離までの基盤づくりを行なうことを約束しています。

そうなると、輸送密度が最も低い長万部～小樽間が問題となってしまいますが、この区間は有珠山噴火の際の迂回ルートにもなっていただけに、目先の利益だけで軽々に判断できない部分があります。

函館～小樽間の経営分離が発表されると、余市町と仁木町が仁木～小樽間を札幌都市圏に包合し、引き続きＪＲが経営にあたる小樽～札幌間と一体で存続を求める運動を始めたほか、小樽市、余市町、仁木町、倶知安町、ニセコ町などの沿線住民による署名運動や要望書の提出も行なわれています。

北海道新幹線の建設を推進する立場の北海道も、函館～小樽間の沿線15市町と北海道新幹線並行在来線対策協議会を設立し、地域交通確保のための検討や調査・研究を行なっており、札幌開業の5年前までには方向性を決定したいとしています。

札幌開業まであと15年あるとはいえ、鉄路存続にかけた地元とJRとのやりとりは気になるところです。

（注）▼南回りルート……北回りルートの北海道新幹線とは別に、室蘭市や苫小牧市などを経由する南回り新幹線も全幹法の基本計画路線に組み込まれている。北海道新幹線の建設をめぐっては、最後まで北回りルートと競合したものの、当時の田中総理大臣の裁断により南回りルートは回避され、同ルートは基本計画路線に組み込むことで決着を見ている。北海道ではこのほか、札幌～旭川間も基本計画路線に入っているが、建設の機運はほとんど見られていない。

東京～札幌間4時間台の壁

現在、東京～札幌間は空路が96パーセントのシェアを占めており、鉄道はまったく歯が立たない状態です。北海道新幹線が新函館北斗まで開業すれば、東京～札幌間の鉄路は最速7時間44分で結ばれますが、空路は3時間台。新幹線開業後も勢力図が変わることはないでしょう。札幌延伸時に新幹線が空路に時間的にどこまで肉薄できるのかは非常に興味があります。札幌延伸まであと15年……その間の技術の進歩と路線の整備に期待するしかなさそうですが、現状では速度アップにふたつのボトルネックがあります。

ひとつは、青函トンネルを含む新中小国信号場～木古内間が在来貨物列車と線路を共用する問題です。青函トンネル内では貨物列車とのすれ違い時に風圧による危険性が懸念されるため、当面は最高時速が１４０キロに制限されることになっています。青函トンネルを通過する新幹線列車がわずか13往復に抑えられるのもそのためで、ダイヤを見ると、前後を走る貨物列車に合わせて速度が設定されているのがわかります。

この問題を解決するには、新幹線列車と貨物列車のすれ違い時に減速する案や、上下線の間に隔壁を設ける案がありますが、前者は技術的に大きな課題があること、後者は建設費用が高騰する恐れがあり、解決の決定打にはなっていないようです。また、ＪＲ北海道では貨物列車のコンテナを標準軌の車両に積載させて走行する「トレイン・オン・トレイン」構想を打ち出し、実際に実験用車両まで製作していました。この開発は、昨今のＪＲ北海道を取り巻く厳しい経営環境により一時頓挫したものの、新聞紙上では、国土交通省、ＪＲ北海道、ＪＲ東日本、ＪＲ貨物の4者が再び検討を始めたとの報道が流れています。

もうひとつは、整備新幹線区間における速度制限の問題です。

整備新幹線は法律上、最高時速が２６０キロに制限されています。東北新幹線宇都宮～盛岡間はかつての国鉄が建設した区間であるためそのような制約はなく、現在は最高３２０キロ運転が実施されています。整備新幹線の最高速度が遅いのは、その整備計画が昭和45年（１９７０）に制定された全幹法に縛られているからです。当時は新幹線といえば東海道新幹線しかなく、その最高時速は２１０キロ。将来的に新幹線網を延ばすとしても、せいぜい50キロの速度アップに留まるだろうと予想されていました。ところが、技術の進歩はその予想を超え、最も古い東海道新幹線ですら現在の最高時速は２８５キロ。最新のインフラが整っているはずの北海道、東北（盛岡～新青森）、北陸、九州の各新幹線が、整備新幹線であるばかりに速度面で劣っているのは皮肉な話です。

もちろん、物理的には整備新幹線区間で３００キロ近い走行は可能です。実際、ＪＲ東日本は平成26年（２０１４）に東北新幹線盛岡～七戸十和田間で３２０キロ走行の試験を行なっていますが、営業運転となるとよりインフラの強度を上げることや騒音問題への配慮が必要になり、建設や改良工事に必要以上の費用がかかります。整備新幹線が260キロに制限されているのは、国民の税金を投入する以上、金がかかる高速化事業は極力抑制したいという意図もあるからです。

それに、北陸や九州の各新幹線では、260キロでもじゅうぶん空路に対抗できており、それ以上速度を上げて所要時間をわずかに短縮しても、費用対効果は薄いと判断されているようです。新幹線開業後に線路の貸付料を支払わなければならないJRとしても、わずかな時間短縮で貸付料が高くなっては割にあわないわけで、速度アップには消極的だとも言われています。

しかし、北海道新幹線に関しては、将来の札幌延伸を見据えると、他の整備新幹線とは同列に語れません。1000キロを超える区間で速度アップを実現できなければ、空路からのシェアを奪えないばかりか、JR北海道の屋台骨を根本から揺るがしかねないからです。

仮に盛岡以北を最高時速320キロで走行できたとしましょう。列車は常に最高時速を出すことはできないので、ここでは区間の距離を実際にかかる時間で割った「表定速度」と言う数字を基に所要時間を割り出してみると、盛岡～新青森間では13分程度、新青森～新函館北斗では20分程度短縮できることがわかります。合計33分の短縮は、新函館北斗止まりの場合はかなり大きいです。

北海道新幹線開業時の表定速度は最速列車で204キロとなりますが、そのままの水準で札幌まで延伸したとすると、東京～札幌間の所要時間は5時間程度となり、空路と比べて時間的な厳しさは明らかです。青函トンネルのボトルネックを解消できなくても、盛岡～新中小国信号場、木古内～札幌間で最高320キロ運転が可能なら、4時間を少し超える程度となります。30分程度の差であれば、価格や時間帯次第で空路と勝負できるかもしれません。

しかし、それにはなんとしても法律を改正し、整備新幹線区間の速度アップが必要となります。この点は、今後の政府・与党の動きに注目していきたいところです。

懐かしの『道内時刻表』

市販の時刻表といえば、全国版の『JR時刻表』（交通新聞社刊）や『JTB時刻表』（JTBパブリッシング刊）などが有名です。しかし、全国版の時刻表は旅行に携帯するには重くて嵩張るという欠点がありますし、頻繁に全国を飛び回るようなビジネスマンでない限り、誰もが全国の時刻情報が欲しいわけではありません。そこで求められたのが、地域の時刻情報に特化したコンパクトで安価な〝地域版時刻表〟だったのです。

地域版時刻表は、北海道向け、中部地方向け、関西・中国地方向け、九州向けがありましたが、なかでも北海道向けの時刻表は、地域版時刻表のなかで相当の人気と知名度を誇っていました。かつては、交通新聞社刊の『道内時刻表』、JTB刊の『北海道時刻表』、北海道ジェイ・アール・エージェンシー刊の『北海道ダイヤ時・刻・表』の3誌が発刊されていたほどでした。

このうち現在も発刊されているのが『道内時刻表』です。ここでは、かつて北海道行きのバイブルとして重宝された昭和の『道内時刻表』の足跡を辿ってみたいと思います。

三宅俊彦著『時刻表百年のあゆみ』によると、『道内時刻表』の前身である『北海道時刻表』が創刊されたのは昭和35年（1960）1月のことでした。当時の北海道弘済出版が発刊したもので、昭和39年1月には、同社の財産や営業権などが弘済出版社（現・交通新聞社）へ譲渡され、

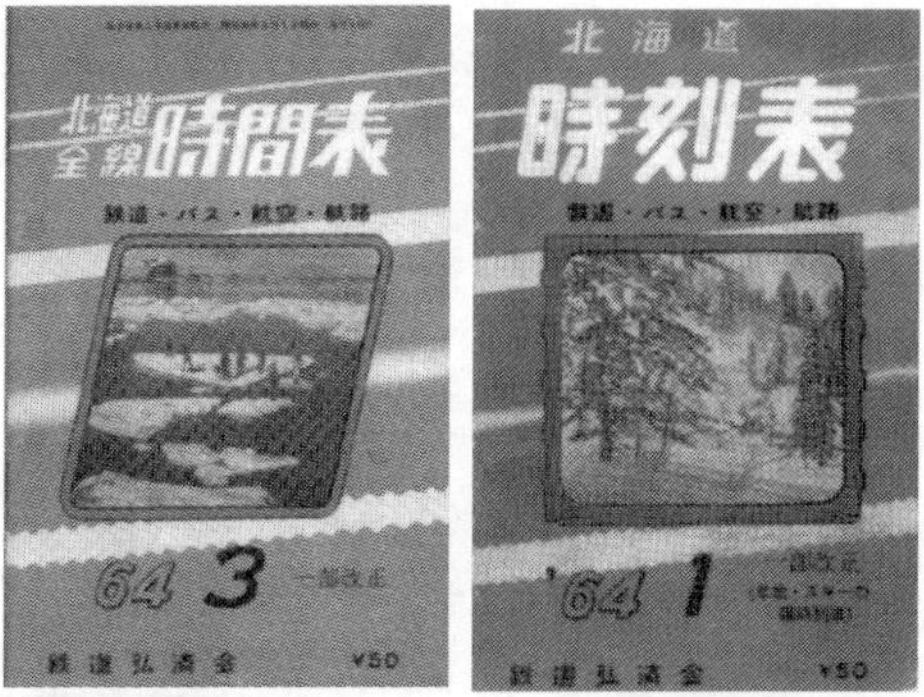

『道内時刻表』のルーツとなった『北海道時刻表』昭和39年1月号（右）。その3月号では左のように『北海道全線時間表』と改題された（『創立40周年　弘済出版社小史』から転載）

『北海道全線時間表』の索引地図。電気洗濯機の広告が「新・三種の神器」のひとつとしてもてはやされた昭和30年代を感じさせる。なお、同書にはバス路線用の索引地図もあった

鉄道弘済会発行『時間表』昭和28年1月号

弘済出版社北海道営業所（のちの弘済出版社北海道支社、現在の交通新聞社北海道支社）が発足。『北海道時刻表』も受け継がれました。同誌は昭和39年3月号から『北海道全線時間表』、翌年2月号から『北海道全線時刻表』と改題され、昭和42年3月号からは現在の『道内時刻表』となっています。

もっとも、『北海道時刻表』創刊のはるか前から弘済出版社に出資していた鉄道弘済会が発刊していた北海道版時刻表が存在していました。

札幌市の鉄道弘済会が発刊していた『時間表』と言うもので、こちらは冊子タイプではなく12折タイプでした。昭和20年代から30年代前半にかけては列車本数が少なかったので、折畳みタイプでも情報を収めることができたのでしょう。

ちなみに、冊子タイプの北海道版時刻表で最も古いものは、日本交通公社（現・ＪＴＢパブリッシング）が発刊していた『交通公社の国鉄監修北海道時刻表』で、その前身は昭和19年に創刊されています。こちちは、当初、業務用に発刊されていましたが、戦後になって市販されるようになりました。この時刻表を収蔵している北海道立図書館の蔵書検索によると、最も古いもので昭和22年4月号が収蔵されていたので、市販されたのはおそらくその頃からなのでしょう。こちらは昭和62年4月号から『交通公社の北海道時刻表』に、昭和63年11月号から『ＪＴＢの道内時刻表』に改題。平成20年（２００８）年4月号を最後に休刊となっています。

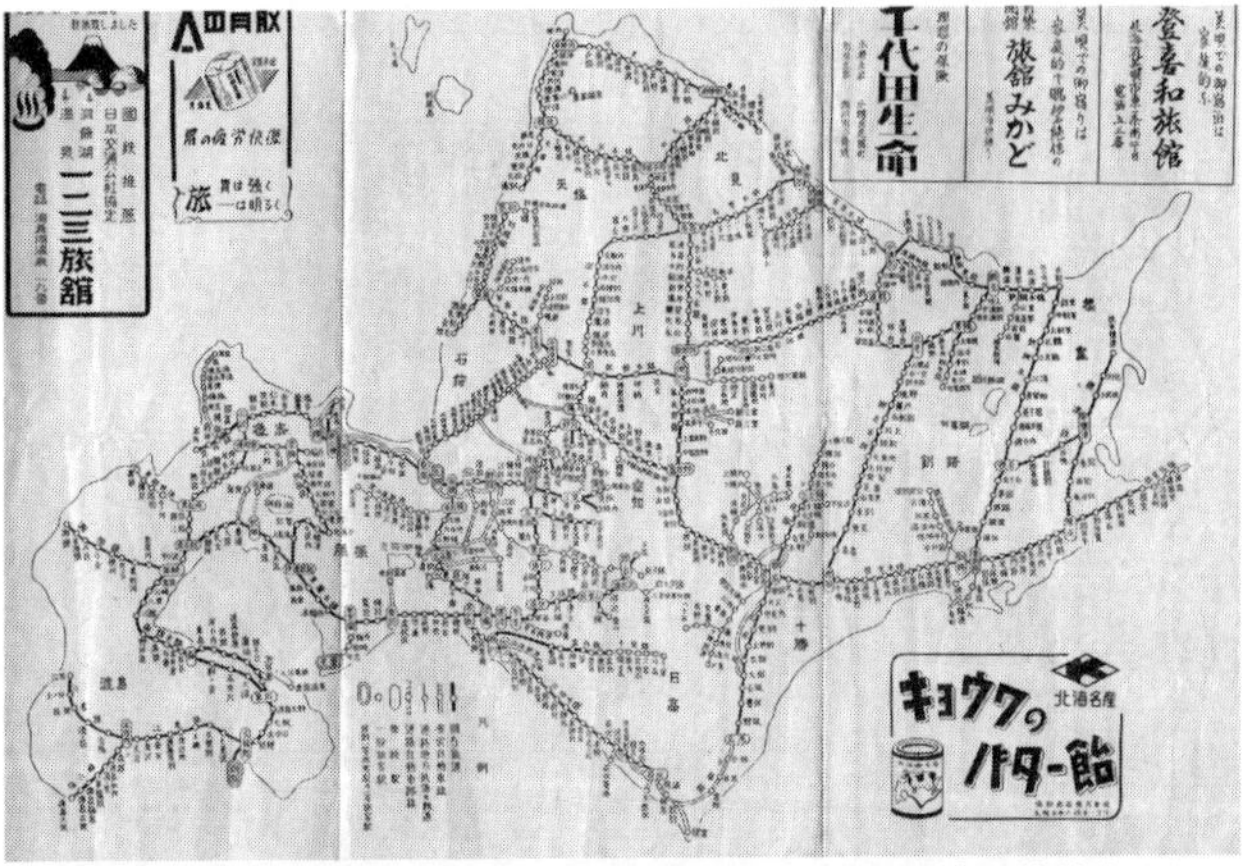

鉄道弘済会発行『時間表』昭和28年1月号の索引地図。現在と比較するとかなり賑やかな印象で私鉄の数も多いが、すべての路線が掲載されているわけではなかった

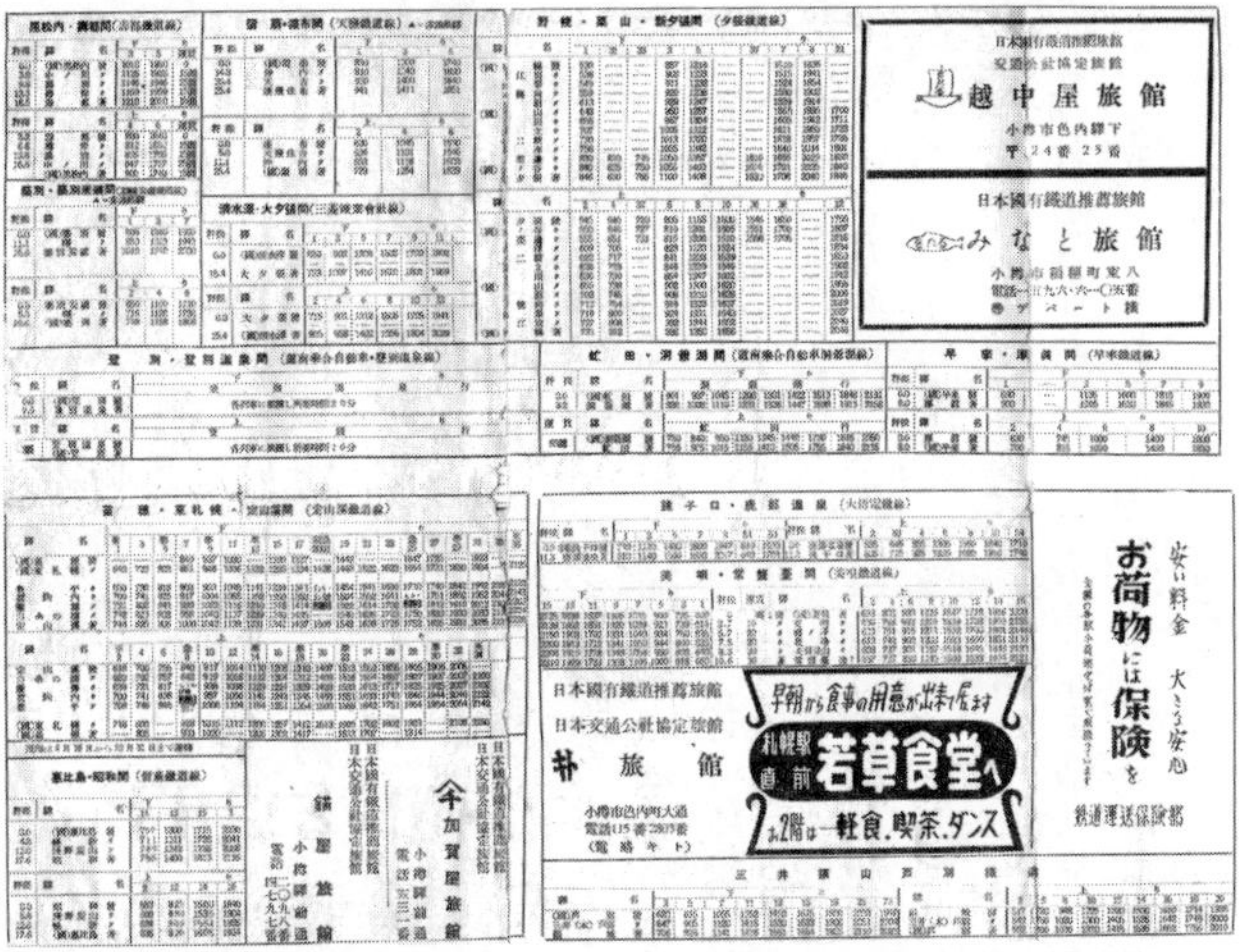

『時間表』昭和28年1月号の時刻ページ。折畳み式ながら、定山渓鉄道などいまはない私鉄各線の掲載も充実していた

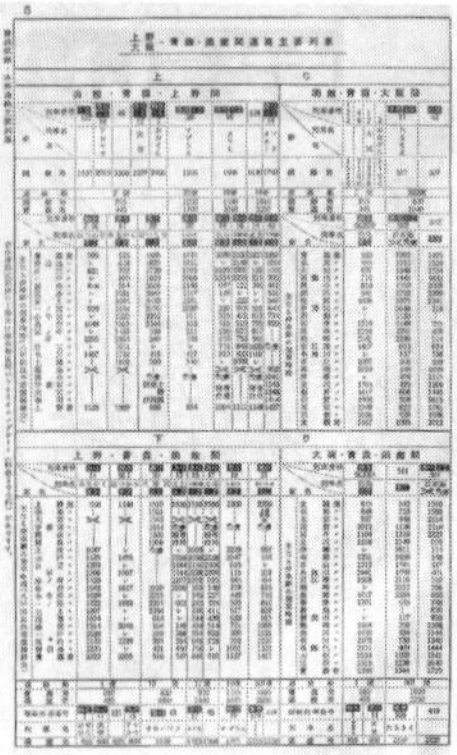

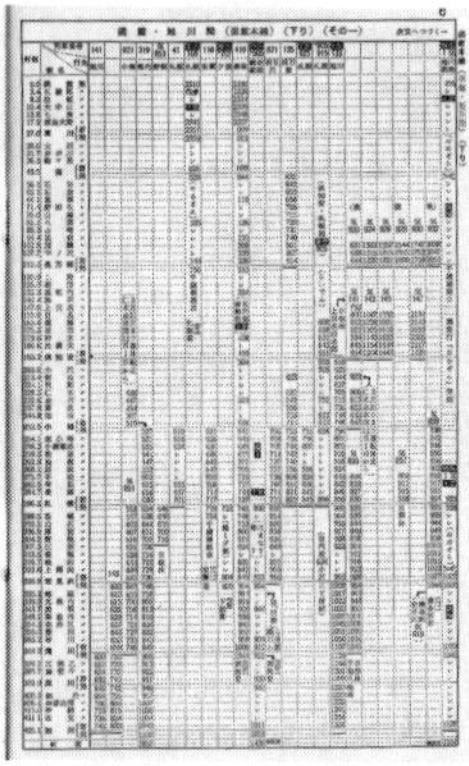

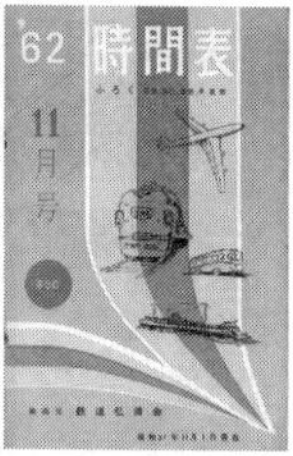

『時間表』昭和37年11月号。この頃になると折畳み式から冊子式に変わっており、特急のダイヤも掲載されている。右の表紙に描かれている「こだま」型電車が「北海道」と書かれたヘッドマークを掲げているところがおもしろい。東海道の花形だったボンネット特急が北海道でも人気があったようだ

　北海道版時刻表の歴史をもっと紐解くと、そのルーツは大正時代にまで遡ります。

　前出の『時刻表百年のあゆみ』によると、大正12年（1923）5月に北海道旅行案内社が創刊した『北海道旅行案内汽車時間表』がそれで、現在の宗谷本線旭川～稚内（現・南稚内）間が全通したのを機に発刊されました。また、北海道旅行案内社からは大正15年に『北海道列車時間表』も創刊されています。『北海道旅行案内汽車時間表』が小型の冊子タイプであったのに対して、こちらは簡易な折畳みタイプでした。

　実は数年前に北海道旅行案内社が発刊していた『汽車時間表』と言うタイトルの時刻表を入手していました。昭和9年（1934）12月に行なわれたダイヤ改正を機に発刊されたものです。この改正では、東海道本線で長大な丹那トンネルが開通し、すべての列車が

現在のような熱海経由となりましたが、北海道では、函館～稚内港（現・稚内）間を室蘭本線経由で運行する急行201・202列車が新設されるといった動きがありました。

この『汽車時間表』の表紙を見ると、「信陽館ホテル」「信陽館食堂」の文字が見えるので、タイアップして無料配布されていたものだったのでしょう。折り面が11あり、表面をすべて開くと、当時のメインルートであった函館～稚内港間の列車時刻がひと目でわかるようになっていました。また、定山渓鉄道や寿都鉄道、戦前にしか存在しなかった洞爺湖電気鉄道や北見鉄道、登別温泉行きのバスといった会社線の時刻も掲載されており、1冊で北海道内を巡るにはじゅうぶんな内容だったようです。

本文ページの様式は、現在のような縦表記ではなく横表記で、数字は漢数字でした。これは明

『道内時刻表』に改題された最初の号（昭和42年3月号）

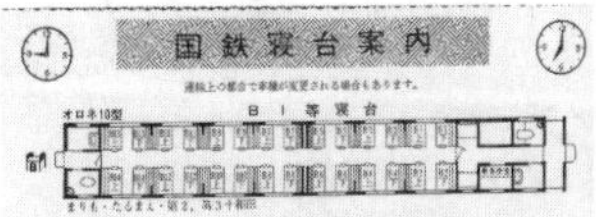

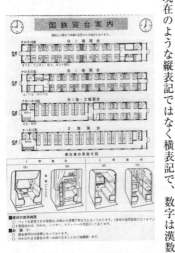

『道内時刻表』としての第一号である昭和42年3月号に掲載されている国鉄寝台案内。かつては『道内時刻表』の名物のひとつだった。昭和44年に実施された等級制廃止前のため、1・2等の文字が見える。「ナロハネ10形」（のちのオロハネ10形）という珍しい1・2等合造寝台車の見取り図もあって興味深い

治時代の様式を受け継いだもので、すでに全国版の時刻表では現在のような算用数字による縦表記なっていたので、かなり時代を感じさせる時刻表です。

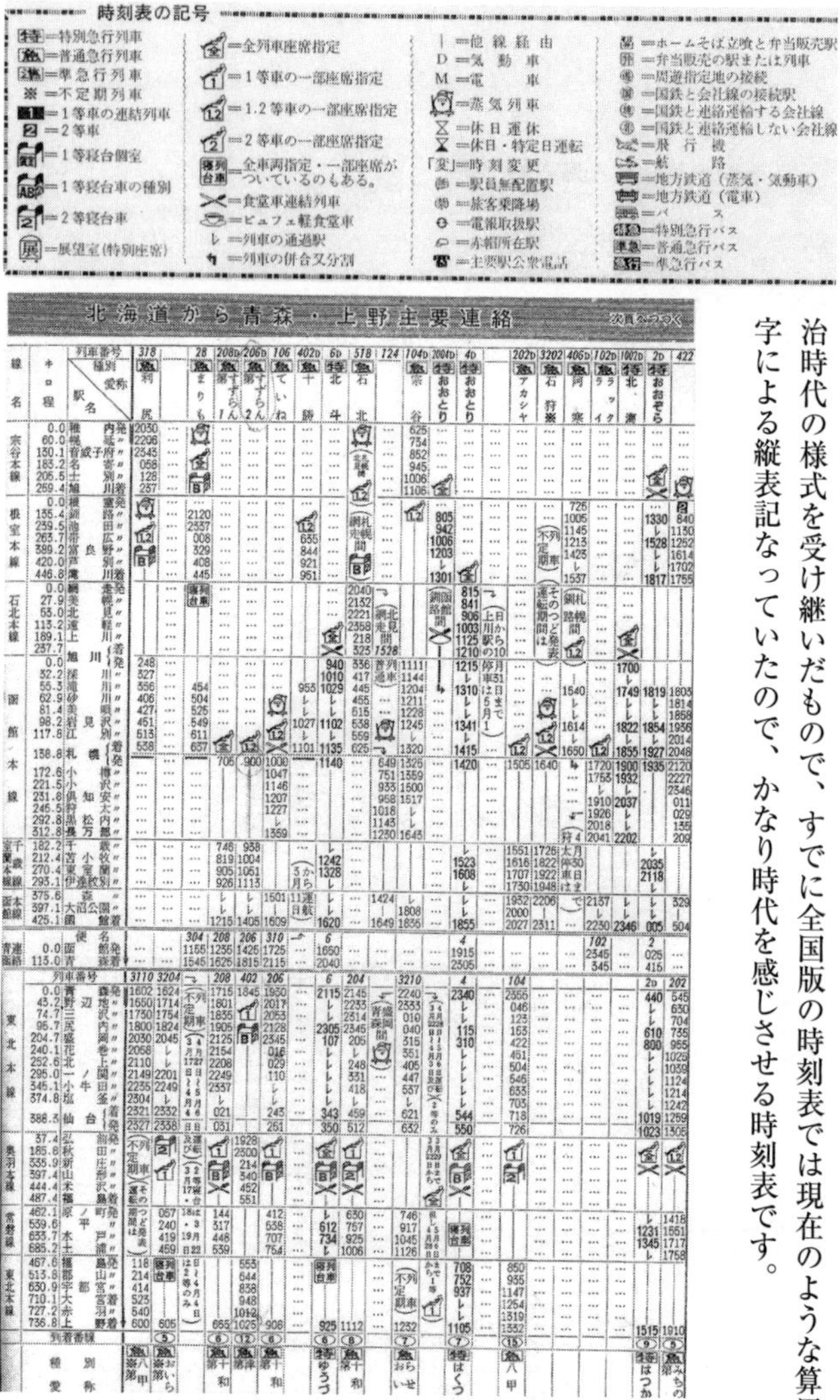

かつて『道内時刻表』には蒸気機関車牽引の列車にSLマークが付けられていた

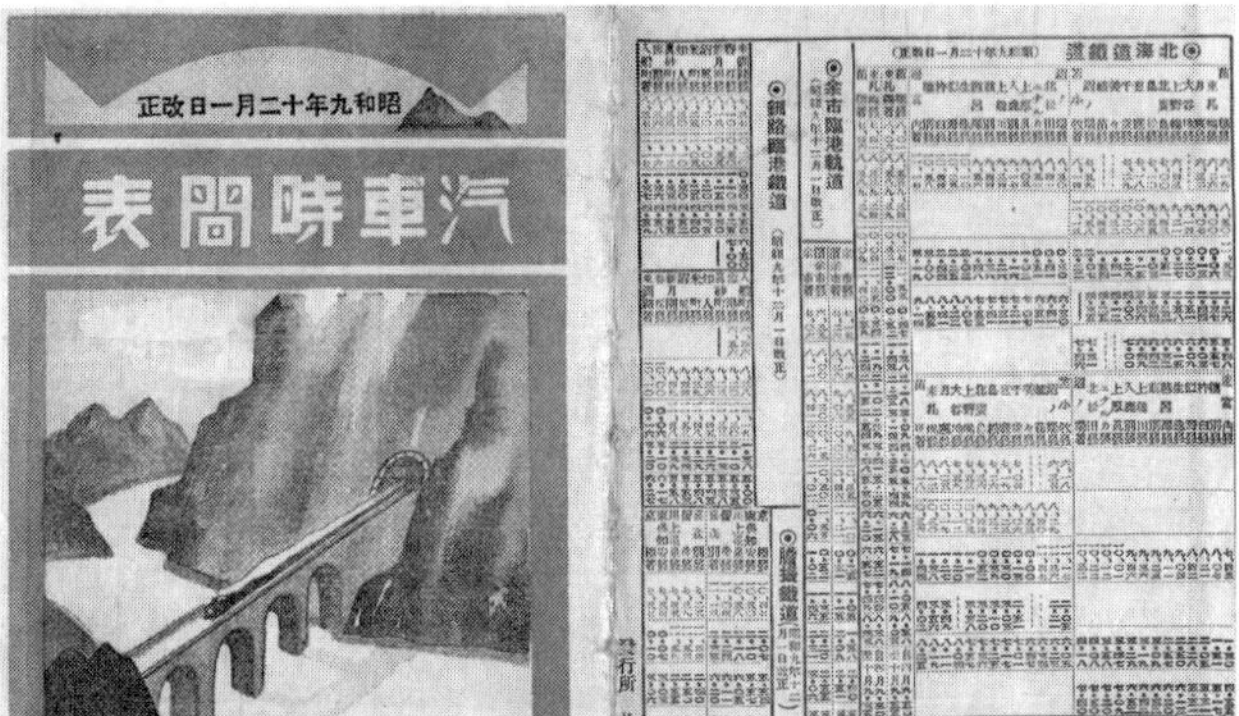

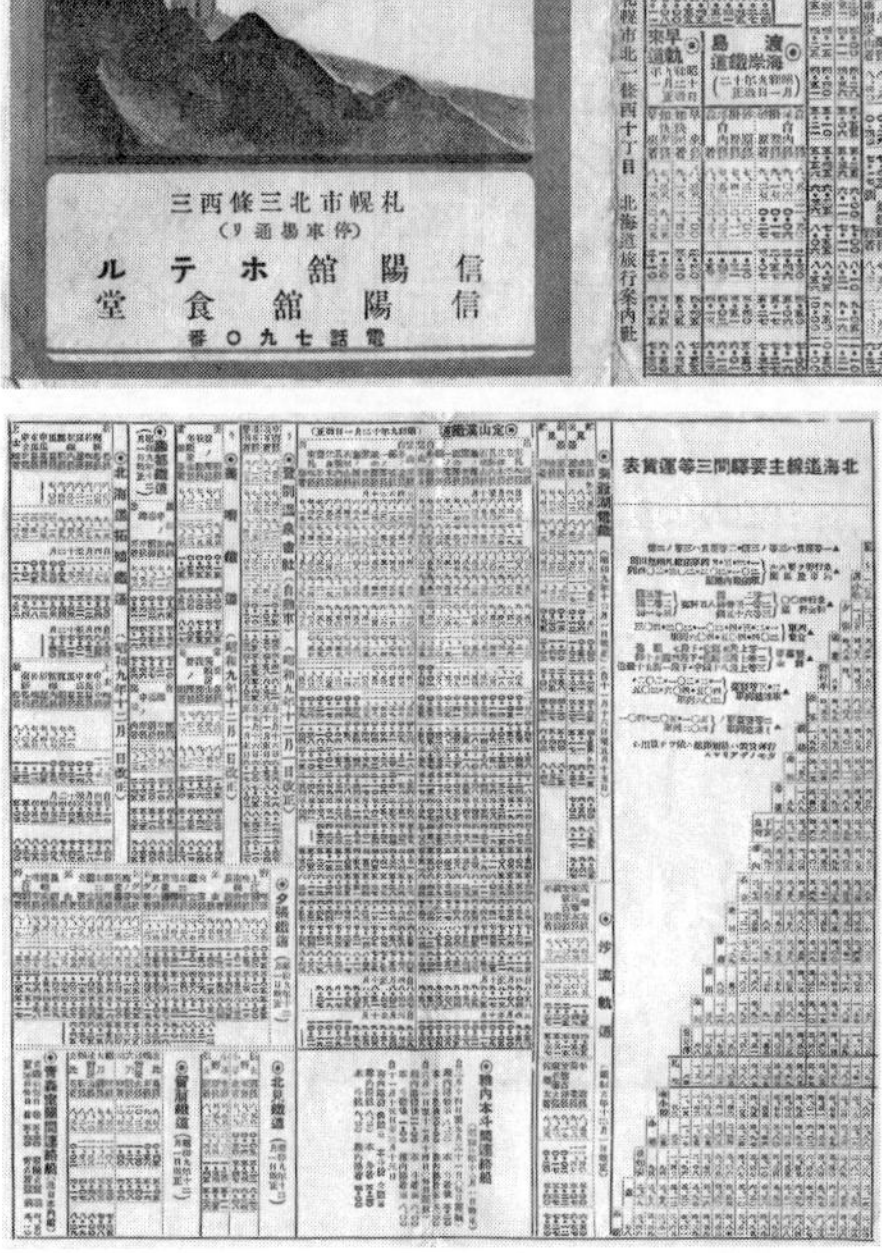

北海道旅行案内社が刊行していた戦前の道内版時刻表。冊子版と比べて情報量が少なく見えるが、列車本数自体も少なかったので、このような体裁でもじゅうぶんだった

北海道各線

種別	列車番号	列車名	編成	備考
急	603D 604D 604D・4324D	大雪2号 大雪3号 しれとこ1号	札幌← 自 | 自 | ①自 | ②自 | ③自 | ④指 | ⑤指 | ❻⊗指 | ⑦自 →釧路	(石北本線回り) 遠軽釧路間逆編成 └網走―根室┘ └札幌―釧路┘ └札幌―網走┘ 604Dのみ……(しれとこ1号標茶―根室標津間普通列車)
急	517~1527 1528~518	大雪5号	札幌← 荷 | 〒荷 | ①Bネ | ②Bネ | ③A・Bネ | ④⊗指 | ❺指 | ⑥自 | ⑦自 | ⑧自 | ⑨自 | ⑩自 →網走	(遠軽網走間逆編成) (北見―網走間普通列車) └札幌―網走┘ └札幌―北見┘ →季節により⑩を連結しないことがあります
急	505D 502D 4605D, 4602D 4805D, 4802D	大雪4号 札幌→網走 大雪1号 網走→札幌 紋別 札幌←→興部, 紋別 はぼろ 札幌←→幌延	①指 | ②自 | ③自 | ④自 | ⑤自 | ⑥指 | ⑦指 | ❽⊗指 | ⑨自 | ⑩自 → 網走 札幌	└札幌┘ 札幌 └札幌―遠軽┘ └札幌―網走┘ (はぼろ) (紋別) (大雪4, 1号) (下り興部~遠軽間 上り遠軽~紋別間 普通列車) (遠軽網走間逆編成) ②休日・休日の前日は羽幌まで延長
急	201D 4802D~201D	ちとせ1号 えりも1号	札幌← ⑥自 | ⑤自 | ④⊗自 | ③自 | ②自 | ①自 | ⑫自 | ⑪自 →	(室蘭~東室蘭, 洞爺~東室蘭 様似~静内間普通列車) └室蘭―札幌┘ └札幌┘ (ちとせ1号) (えりも1号)
急	1212D 1212D~4815D	ちとせ10号 えりも3号	札幌← ⑫自 | ⑪自 | ⑧自 | ⑦自 | ⑥自 | ⑤自 | ④⊗自 | ③自 →室蘭 様似	(東室蘭~室蘭, 静内~様似間普通列車) └札幌―静内┘ └札幌―室蘭┘ (えりも3号) (ちとせ10号)

東北・常磐・奥羽・北陸線

種別	列車番号	列車名	編成	備考
特	5M 6M	はくつる	上野← ①Bネ | ②⊗指 | ③Bネ | ④Bネ | ⑤Bネ | ❻Bネ | ⑦✕ | ⑧Bネ | ⑨Bネ | ⑩Bネ | ⑪Bネ | ⑫Bネ | ⑬Bネ →青森	⑦(非営業)
特	1M, 2M 21M, 24M 25M, 28M	はつかり1号 はつかり3号 はつかり5号	上野← ①指 | ②⊗指 | ③指 | ④指 | ⑤指 | ❻指 | ⑦✕ | ⑧指 | ⑨指 | ⑩指 | ⑪指 | ⑫指 | ⑬指 →青森	
特	23M, 22M 27M, 26M	はつかり2号 はつかり4号	上野← ①指 | ❷⊗指 | ③指 | ④指 | ⑤指 | ⑥指 | ⑦✕ | ⑧指 | ⑨指 | ⑩指 | ⑪指 | ⑫指 →青森	
特	5013M 13M, 15M, 14M 5014M 16M	ゆうづる1号 ゆうづる2号 ゆうづる3号 ゆうづる4号 ゆうづる5号	上野← ①Bネ | ②⊗指 | ③Bネ | ④Bネ | ⑤Bネ | ❻Bネ | ⑦✕ | ⑧Bネ | ⑨Bネ | ⑩Bネ | ⑪Bネ | ⑫Bネ | ⑬Bネ →青森	⑦(非営業)
特	17 18 5017 5018	ゆうづる5号 ゆうづる1号 ゆうづる4号 ゆうづる2号	上野← 荷 | ❶Aネ | ②Aネ | ③Bネ | ④Bネ | ⑤Bネ | ⑥✕ | ⑦Bネ | ❽Bネ | ⑨Bネ | ⑩Bネ | ⑪Bネ | ⑫Bネ →青森	⑥(非営業)
特	11M 12M	みちのく	上野← ①指 | ❷⊗指 | ③指 | ④指 | ⑤指 | ⑥指 | ⑦✕ | ⑧指 | ⑨指 | ⑩指 | ⑪指 | ⑫指 | ⑬指 →青森	
特	2041M 2044M	いなほ1号 いなほ2号	上野← ①指 | ②⊗指 | ③指 | ④指 | ⑤指 | ❻指 | ⑦✕ | ⑧指 | ⑨指 | ⑩指 | ⑪指 | ⑫指 →青森	(上越・羽越線経由)
急	101 102	八甲田	上野← △荷 | ▲〒 | ①指 | ❷⊗指 | ③Bネ | ④Bネ | ⑤自 | ⑥自 | ⑦自 | ⑧自 | ⑨自 | ⑩自 | ⑪Bネ | ⑫自 →青森	△下りのみ ▲上りのみ └仙台―青森┘
急	201 204	十和田2号 十和田3号	上野← 荷 | ①指 | ②⊗指 | ❸Aネ | ④Bネ | ⑤Bネ | ⑥自 | ⑦自 | ⑧自 | ⑨自 | ⑩自 | ⑪自 | ⑫自 →青森	荷:上りのみ
急	203 202	十和田4号 十和田1号	上野← 荷 | 〒 | ①指 | ❷⊗指 | ③Aネ | ④Bネ | ⑤Bネ | ⑥自 | ⑦自 | ⑧自 | ⑨自 | ⑩自 | ⑪自 →青森	└仙台―上野 (上りのみ) ⑩⑪→上野―八戸
急	401 404	津軽1号 津軽2号	上野← 荷 | 荷 | ❹⊗指 | ⑤Aネ | ⑥Bネ | ⑦Bネ | ⑧指 | ⑨自 | ⑩自 | ⑪自 | ⑫自 →青森	└上野―秋田┘
急	403 402	津軽2号 津軽1号	上野← 〒 | ①自 | ②自 | ③Bネ | ❹⊗指 | ⑤Aネ | ⑥Bネ | ⑦Bネ | ⑧指 | ⑨自 | ⑩自 | ⑪自 | ⑫自 →青森	〒:下り米沢まで, 上り山形から └上野―秋田┘
特	4001 4002	日本海	大阪← 荷 | ❶Aネ | ②Bネ | ③Bネ | ④Bネ | ⑤Bネ | ⑥✕ | ⑦Bネ | ⑧Bネ | ⑨Bネ | ⑩Bネ | ⑪Bネ | ⑫Bネ →青森	
特	4001M 4002M	白鳥	大阪← ①指 | ②指 | ③指 | ④指 | ⑤指 | ⑥✕ | ⑦指 | ⑧指 | ❾指 | ⑩指 | ⑪⊗指 | ⑫⊗指 | ⑬指 →青森	(新潟―青森間逆編成)
特	1001 1004	あけぼの1号 あけぼの2号	上野← 荷 | ❶Aネ | ②Bネ | ③Bネ | ④Bネ | ⑤Bネ | ⑦Bネ | ⑧Bネ | ⑨Bネ | ⑩Bネ | ⑪Bネ | ⓬Bネ →青森	└上野―秋田┘
急	501 502	きたぐに	大阪← 荷 | 〒 | ①⊗指 | ❷指 | ③自 | ④自 | ⑤自 | ⑥自 | ⑦自 | ⑧Bネ | ⑨Bネ | ⑩Aネ | ⑪Bネ | ⑫Bネ →青森	(新潟―青森間逆編成) 荷:下りのみ ②:下りは自由席 └大阪―新潟┘

道内時刻表　昭和49年編成表

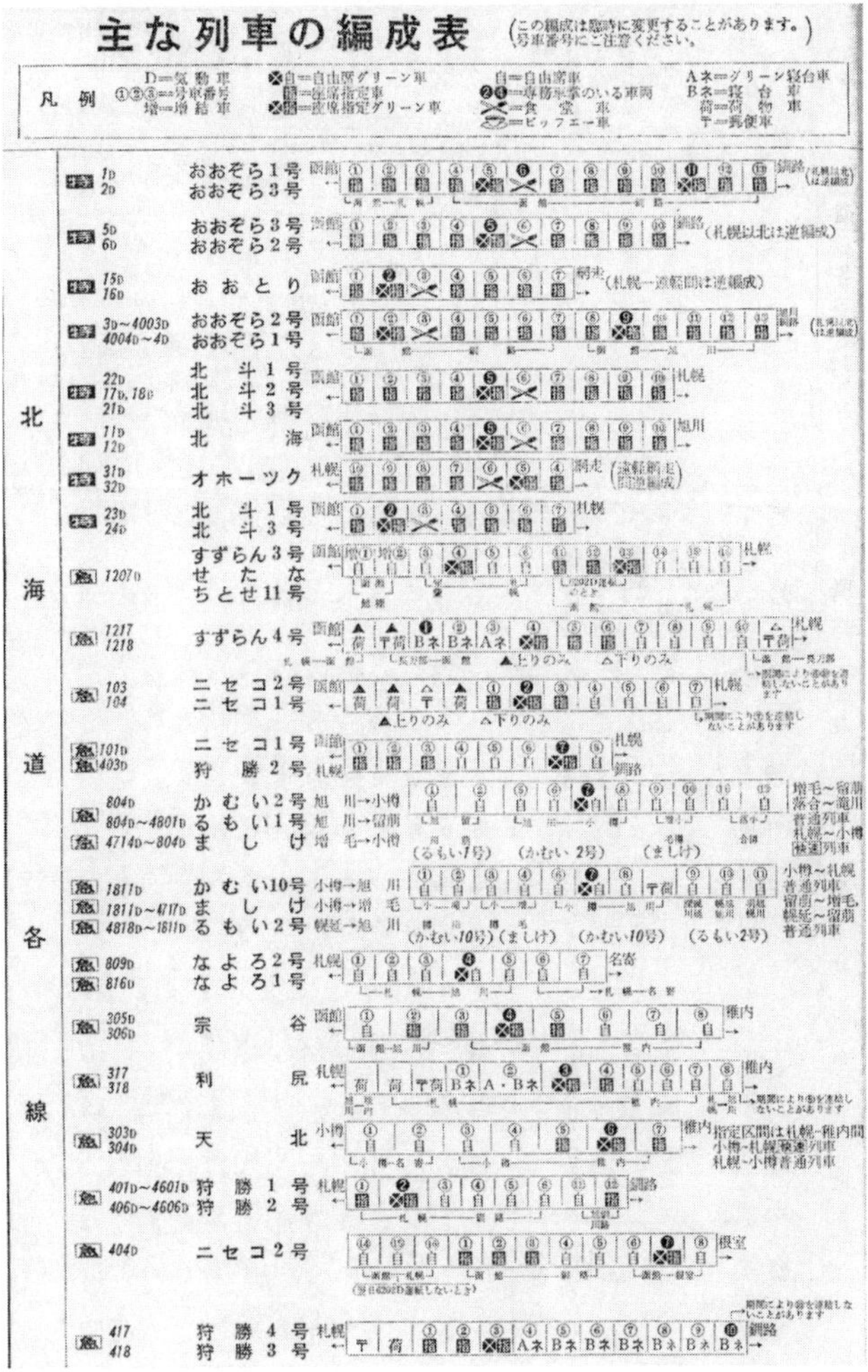

線区	種別	列車番号	列車名	始発	編成	終着	備考
北海道各線	急行	417 / 418	狩勝7号 / 狩勝8号	札幌	〒 荷 ①指 ②指 ③⊗指 ④Aネ ⑤Bネ ⑥Bネ ⑦Bネ ⑧Bネ ⑨Bネ ❿Bネ	釧路	期間により❿を連結しないことがあります
	急行	603D / 604D	大雪3号 / 大雪6号	札幌	自 自 ①自 ②自 ③自 ④指 ⑤指 ❻⊗指 ⑦自	釧路	(石北本線回り) 遠軽釧路間逆編成
	急行	604D・4324D	しれとこ2号		釧路根室標津 札幌―釧路 札幌―網走		604Dのみ……(しれとこ2号標茶―根室標津間普通列車)
	急行	517～1527 / 1528～518	大雪9号 / 大雪10号	札幌	荷 〒荷 ❶Bネ ②Bネ ③Bネ ④⊗指 ⑤指 ⑥自 ⑦自 ⑧自 ⑨自 ❿自 自 (札幌―網走 札幌北見 北見―網走)	網走	(遠軽網走間逆編成) (下り2/28まで、上り3/1までは⑤号車欠) (北見―網走間普通列車) 期間により⑫❿を連結しないことがあります
	急行	505D	大雪7号	札幌→網走	①指 ②自 ③自 ④自 ⑤自 ⑥⊗指 ⑦指 ❽指 ⑨自 ⑩自 (札幌―幌延 札幌―羽幌 札幌―網走 札幌―遠軽)	網走 紋別 幌延	
	急行	502D	大雪2号	網走→札幌			
	急行	505D～4605D	紋別	札幌←→興部, 紋別			
	急行	505D～4805D	はぼろ	札幌←→幌延			③号車休日・休日の前日は羽幌まで延長 (下り興部～遠軽間 上り遠軽～紋別間 普通列車) (遠軽網走間逆編成)
	急行	201D	ちとせ1号	札幌	①自 ②自 ③自 ❹⊗自 ⑤自 ⑥自 ⑪自 ⑫自 ⑬自 (ちとせ1号: 札幌―室蘭) (えりも2号: 様似―札幌)	室蘭 様似	(室蘭～東室蘭 様似～静内間普通列車) ⑫⑬休日と休日の翌日連結
	急行	4802D～201D	えりも2号				
	急行	219D	ちとせ19号	札幌	⑬自 ⑫自 ⑪自 ⑥自 ⑤自 ❹⊗自 ③自 (えりも6号: 札幌―様似) (ちとせ19号: 札幌―室蘭)	室蘭 様似	(東室蘭～室蘭, 静内～様似間普通列車)
	急行	4806D～219D	えりも6号				
東北・常磐・奥羽・北陸線		5M / 6M	はくつる	上野	❶Bネ ②⊗指 ③Bネ ④Bネ ⑤Bネ ⑥Bネ ⑦✕(非営業) ⑧Bネ ⑨Bネ ⑩Bネ ⑪Bネ ⑫Bネ ⑬Bネ	青森	
		11M, 12M, 21M / 22M, 25M, 24M / 27M, 30M, 5M / 6M, 5013M / 13M, 15M, 14M / 5014M, 16M	みちのく / はつかり 1, 4, 5, 6, 7, 12号 / はくつる / ゆうづる 1, 3, 5, 10, 12, 14号	上野	❶Bネ ②⊗指 ③Bネ ④Bネ ⑤Bネ ⑥Bネ ⑦✕ ⑧Bネ ⑨Bネ ⑩Bネ ⑪Bネ ⑫Bネ ⑬Bネ	青森	(11～13号車自由席)
		7 / 5018	ゆうづる 8, 9号	上野	❶Bネ ②Aネ ③Bネ ④Bネ ⑤Bネ ❻Bネ ❼Bネ ⑧Bネ ⑨Bネ ⑩Bネ ⑪Bネ ⓬Bネ	青森	
		8, 15, 5008 / 5017, 5007 / 17	ゆうづる 2, 4, 6, 7, 11, 13号	上野	荷 ①Aネ ②Bネ ③Bネ ④Bネ ❺Bネ ❻Bネ ⑦Bネ ⑧Bネ ⑨Bネ ⑩Bネ ⓫Bネ	青森	
	特急	2M, 23M / 26M, 1M / 28M, 29M	はつかり 2, 3, 8, 9, 10, 11号	上野	❶指 ②指 ③指 ④指 ⑤指 ⑥⊗指 ⑦✕ ⑧指 ⑨指 ⑩自 ⑪自 ⓬自	青森	
	特急	2043M / 2044M	いなほ3号 / いなほ4号	上野	❶指 ②指 ③指 ④指 ⑤指 ⑥⊗指 ⑦✕ ⑧指 ⑨指 ⑩自 ⑪自 ⓬自	青森	(上越・羽越線経由)
	急行	103 / 102	八甲田	上野	△荷 ❶指 ②⊗指 ③自 ④自 ⑤自 ⑥自 ⑦自 ⑧自 ⑨自 ❿自	青森	
	急行	203 / 204	十和田3号 / 十和田4号	上野	荷 ①指 ②指 ③指 ④Bネ ⑤Aネ ⑥Bネ ⑦Bネ ⑧Bネ ⑨Bネ ⑩Bネ ⓫Bネ	青森	荷 上りのみ 上り①～③号車は自由席 下り①～③号車は盛岡まで
	急行	205 / 202	十和田5号 / 十和田2号	上野	荷 〒 ①指 ❷指 ③⊗指 ④自 ⑤自 ⑥自 ⑦自 ⑧自 ⑨自 ⑩自 ⓫自	青森	荷〒 上野―仙台(下りのみ) ⑩⓫ 上野―八戸
	急行	401 / 406	津軽1号 / 津軽4号	上野	荷 ❸⊗指 ④Aネ ⑤Bネ ❻指 ⑦自 ⑧自 ⑨自 ⑩自 ⓫自	青森	荷 上野―秋田
	急行	405 / 402	津軽3号 / 津軽2号	上野	❶Bネ ❷Bネ ❸⊗指 ④Aネ ❺Bネ ❻指 ⑦自 ⑧自 ⑨自 ⑩自 ⓫自	青森	❶❷ 上野―秋田
		4003 / 4002	日本海3号 / 日本海2号	大阪	荷 ①Aネ ②Bネ ③Bネ ④Bネ ❺Bネ ❻Bネ ⑦Bネ ⑧Bネ ⑨Bネ ⑩Bネ ⓫Bネ	青森	
	特急	4001M / 4002M	白鳥	大阪	❶自 ②自 ③自 ④指 ⑤指 ⑥⊗指 ⑦✕ ⑧指 ⑨指 ⑩指 ⑪指 ⓬指	青森	(新潟―青森間逆編成)
		1001 / 1004	あけぼの1号 / あけぼの4号	上野	荷 ①Aネ ②Aネ ③Bネ ④Bネ ⑤Bネ ⑥Bネ ⑦Bネ ⑧Bネ ⑨Bネ ❿Bネ ⑪Bネ ⓬Bネ	青森	⑪⓬ 上野―秋田 あけぼの4号は11, 12号車なし
	急行	501 / 502	きたぐに	大阪	荷 〒 ❶指 ②自 ③自 ④自 ⑤自 ❻自 ⑦Bネ ❽Bネ ⑨Aネ ❿Bネ ⓫Bネ	青森	荷 下りのみ ❶ 下りは自由席 ⑦～⓫ 大阪―新潟

道内時刻表　昭和54年編成表

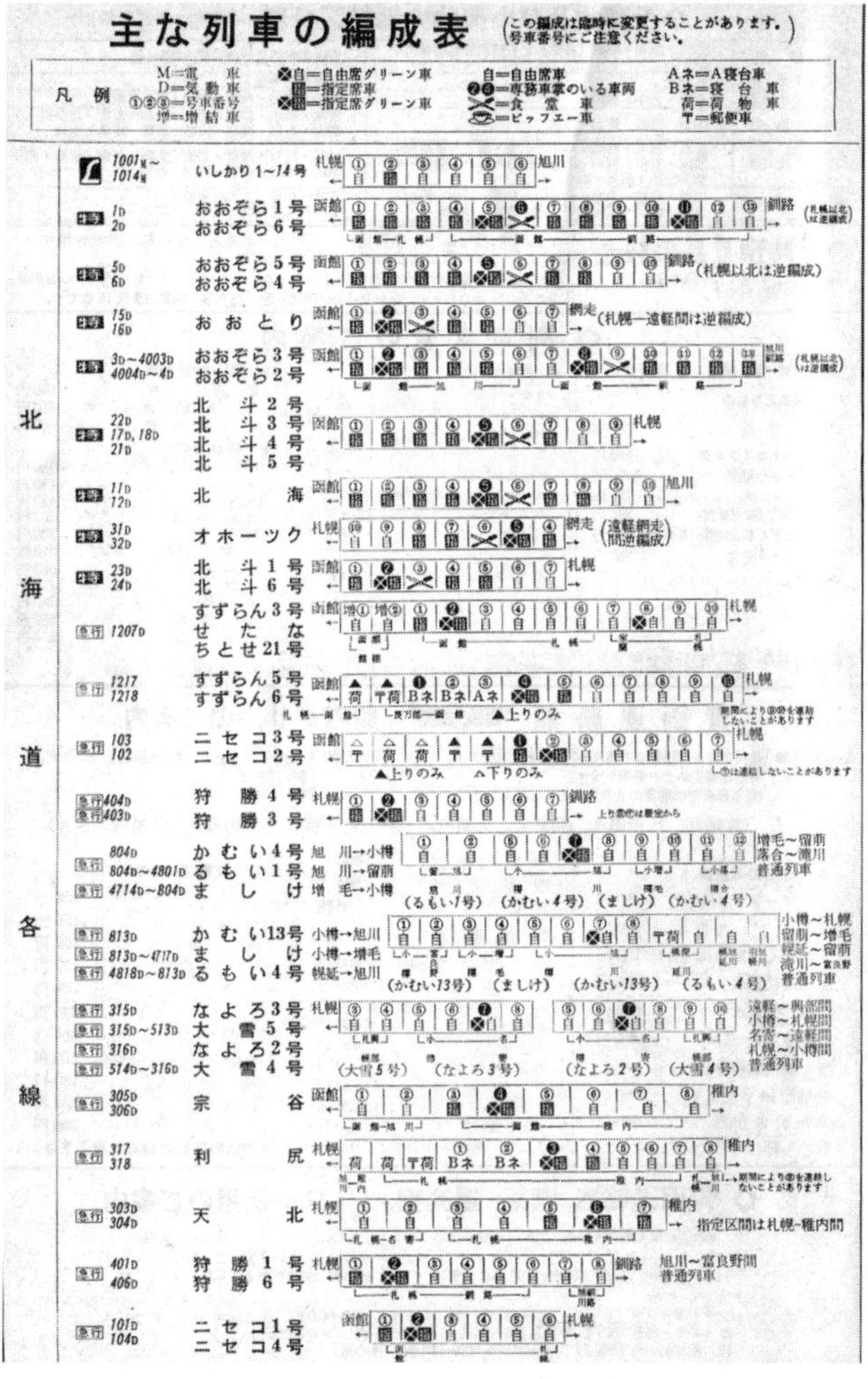

主な列車の編成表

（この編成は臨時に変更することがあります。号車番号にご注意ください。）

凡例　M＝電車　D＝気動車　①②③＝号車番号　増＝増結車　⊗自＝自由席グリーン車　指＝指定席　⊗指＝指定席グリーン車　自＝自由席　❷❸＝専務車掌のいる車両　✕＝食堂車　ビッフェ車　Aネ＝A寝台車　Bネ＝寝台車　荷＝荷物車　〒＝郵便車

北海道各線

種別	列車番号	列車名	区間	備考
L	1001M〜1014M	いしかり1〜14号	札幌〜旭川	
特急	1D・2D	おおぞら1号・おおぞら6号	函館〜釧路	（札幌以北は逆編成）
特急	5D・6D	おおぞら5号・おおぞら4号	函館〜釧路	（札幌以北は逆編成）
特急	15D・16D	おおとり	函館〜網走	（札幌―遠軽間は逆編成）
特急	3D〜4003D・4004D〜4D	おおぞら3号・おおぞら2号	函館〜旭川・釧路	（札幌以北は逆編成）
特急	22D・17D、18D・21D	北斗2号・北斗3号・北斗4号・北斗5号	函館〜札幌	
特急	11D・12D	北海	函館〜旭川	
特急	31D・32D	オホーツク	札幌〜網走	（遠軽網走間逆編成）
特急	23D・24D	北斗1号・北斗6号	函館〜札幌	
急行	1207D	すずらん3号・せたな・ちとせ21号	函館〜札幌	
急行	1217・1218	すずらん5号・すずらん6号	函館〜札幌	▲上りのみ。期間により⑩号車を連結しないことがあります
急行	103・102	ニセコ3号・ニセコ2号	函館〜札幌	▲上りのみ　△下りのみ。⑦は連結しないことがあります
急行	404D・403D	狩勝4号・狩勝3号	札幌〜釧路	上り⑥号車は新得から
急行	804D	かむい4号	旭川→小樽	増毛〜留萌、落合〜滝川普通列車
急行	804D〜4801D	るもい1号	旭川→留萌	（るもい1号）（かむい4号）（ましけ）（かむい4号）
急行	4714D〜804D	ましけ	増毛→小樽	
急行	813D	かむい13号	小樽→旭川	小樽〜札幌、留萌〜増毛、幌延〜留萌、滝川〜富良野普通列車
急行	813D〜4717D	ましけ	小樽→増毛	（かむい13号）（ましけ）（かむい13号）（るもい4号）
急行	4818D〜813D	るもい4号	幌延→旭川	
急行	315D	なよろ3号	札幌〜	遠軽〜興部間、小樽〜札幌間、名寄〜遠軽間、札幌〜小樽間普通列車
急行	315D〜513D	大雪5号		（大雪5号）（なよろ3号）（なよろ2号）（大雪4号）
急行	316D	なよろ2号		
急行	514D〜316D	大雪4号		
急行	305D・306D	宗谷	函館〜稚内	
急行	317・318	利尻	札幌〜稚内	期間により⑧を連結しないことがあります
急行	303D・304D	天北	札幌〜稚内	指定区間は札幌―稚内間
急行	401D・406D	狩勝1号・狩勝6号	札幌〜釧路	旭川〜富良野間普通列車
急行	101D・104D	ニセコ1号・ニセコ4号	函館〜札幌	

線区	列車番号	列車名	始発	編成	終着	備考
新幹線		東海道，山陽新幹線（こだま一部12両編成）				
新幹線		ひかり	博多	①自 ②自 ③自 ④自 ⑤自 ⑥指 ❼指 ⑧食 ⑨☕指 ⑩指 ⑪⊗ ⓬⊗ ⑬指 ⑭指 ⑮指 ⑯指	東京	
新幹線		こだま	新大阪	①自 ②自 ③自 ④自 ⑤自 ⑥自 ❼自 ⑧自 ⑨☕自 ⑩自 ⑪自 ⓬⊗ ⑬指 ⑭指 ⑮指 ⑯指	東京	↳売店　↳営業休止
新幹線		こだま	博多	①自 ②自 ③自 ④自 ⑤自 ⑥自 ❼自 ⑧食 ⑨☕自 ⑩自 ⓫⊗ ⓬⊗ ⑬指 ⑭指 ⑮指 ⑯指	新大阪	
新幹線		東北・上越新幹線 やまびこ あおば あさひ・とき	大宮	①自 ②自 ③自 ④自 ⑤指 ⑥指 ❼⊗ ⑧指 ⑨☕ ⑩指 ⑪指 ⑫指	盛岡	
東北・常磐・奥羽・北陸線	4001M 4002M	白鳥3,2号	大阪	①自 ②自 ③自 ④指 ⑤指 ❻⊗ ⑦食 ⑧指 ⑨指 ⑩指 ⑪指 ⑫指	青森	大阪～新潟間逆編成
東北・常磐・奥羽・北陸線	2001M 2002M	白鳥1,4号	福井	①自 ②自 ③自 ④指 ⑤指 ❻⊗ ⑦指 ⑧指 ⑨指	青森	福井～新潟間逆編成
東北・常磐・奥羽・北陸線	4001, 4003 4002, 4004	日本海 1，3，2，4号	大阪	荷 ❶Bネ ②Bネ ③Bネ ④Bネ ⑤Bネ ⑥Bネ ⑦Bネ ⑧Bネ ⑨Bネ ⑩Bネ ⑪Bネ	青森	
東北・常磐・奥羽・北陸線	2041M 2042M	鳥海	上野	①自 ②自 ③自 ④指 ⑤指 ❻⊗ ⑦食 ⑧指 ⑨指 ⑩指 ⑪指 ⑫指	青森	
東北・常磐・奥羽・北陸線	1009M1021M 1008M1020M	はつかり 9，21，8，20号	盛岡	①自 ②自 ③自 ④自 ⑤指 ❻⊗ ⑦食 ⑧指 ⑨指 ⑩指 ⑪指 ⑫指 ⑬指	青森	↳営業休止
東北・常磐・奥羽・北陸線	1001M, 1007M, 1017M, 1002M, 1006M, 1016M	はつかり 1, 7, 17, 2, 6, 16号	盛岡	①自 ②自 ③自 ④自 ⑤指 ❻⊗ ⑦指 ⑧指 ⑨指	青森	
東北・常磐・奥羽・北陸線	1003M, 1011M, 1013M, 1015M, 1019M, 1005M, 1004M, 1010M, 1012M, 1014M, 1018M, 1022M	はつかり 3, 5, 11, 13, 15, 19 4, 10, 12, 14, 18, 22号	盛岡	①自 ②自 ③自 ④指 ⑤指 ⑥指	青森,	
東北・常磐・奥羽・北陸線	21M, 23M 22M, 24M	はくつる 1，3，2，4号	上野	①Bネ ②Bネ ③Bネ ④Bネ ⑤Bネ ❻⊗ ⑦食 ⑧Bネ ⑨Bネ ⑩Bネ ⑪Bネ ⑫Bネ ⑬Bネ	青森	↳営業休止
東北・常磐・奥羽・北陸線	急行 103 102	八甲田	上野	荷 ❶指 ②自 ③自 ④自 ⑤自 ⑥自 ⑦自 ⑧自 ⑨自	青森	↳②⑤号車は欠車となる日があります
東北・常磐・奥羽・北陸線	1M, 7003M, 5M 6M, 8M, 7010M	ゆうづる 1, 3, 5, 6, 8, 10号	上野	①Bネ ②Bネ ③Bネ ④Bネ ⑤Bネ ❻⊗ ⑦食 ⑧Bネ ⑨Bネ ⑩Bネ ⑪Bネ ⑫Bネ ⑬Bネ	青森	↳営業休止
東北・常磐・奥羽・北陸線	7 2	ゆうづる 7，2号	上野	電 ①Bネ ②Bネ ③Bネ ④Bネ ⑤Bネ ❻Bネ ⑦Bネ ⑧Bネ ⑨Bネ ⑩Bネ ⑪Bネ	青森	
東北・常磐・奥羽・北陸線	9 4	ゆうづる 9，4号	上野	荷 ❶Aネ ②Bネ ③Bネ ④Bネ ⑤Bネ ⑥Bネ ⑦Bネ ⑧Bネ ⑨Bネ ⑩Bネ ⑪Bネ	青森	
東北・常磐・奥羽・北陸線	急行 201 202	十和田	上野	①指 ②指 ③指 ④指 ⑤自 ❻自 ⑦自 ⑧自 ⑨自 ⑩自 ⑪自 ⑫自	青森	↳④⑤⑥号車は欠車となる日があります
東北・常磐・奥羽・北陸線	1003 1004	あけぼの 3，4号	上野	電 ①Bネ ②Bネ ③Bネ ④Bネ ⑤Bネ ❻Bネ ⑦Bネ ⑧Bネ ⑨Bネ ⑩Bネ ⑪Bネ	青森	
東北・常磐・奥羽・北陸線	1001 1006	あけぼの 1，6号	上野	荷 ❶Aネ ②Bネ ③Bネ ④Bネ ⑤Bネ ⑥Bネ ⑦Bネ ⑧Bネ ⑨Bネ ⑩Bネ ⑪Bネ	青森	
東北・常磐・奥羽・北陸線	急行 403 402	津軽	上野	❶Bネ ②Bネ ③Bネ ④Bネ ⑤自 ⑥自 ⑦自 ⑧自 ⑨自 ⑩自	青森	
東北・常磐・奥羽・北陸線	2013M 2018M	いなほ3，8号	新潟	①自 ②自 ③自 ④自 ⑤指 ❻⊗ ⑦指 ⑧指 ⑨指	青森	

道内時刻表　昭和59年編成表

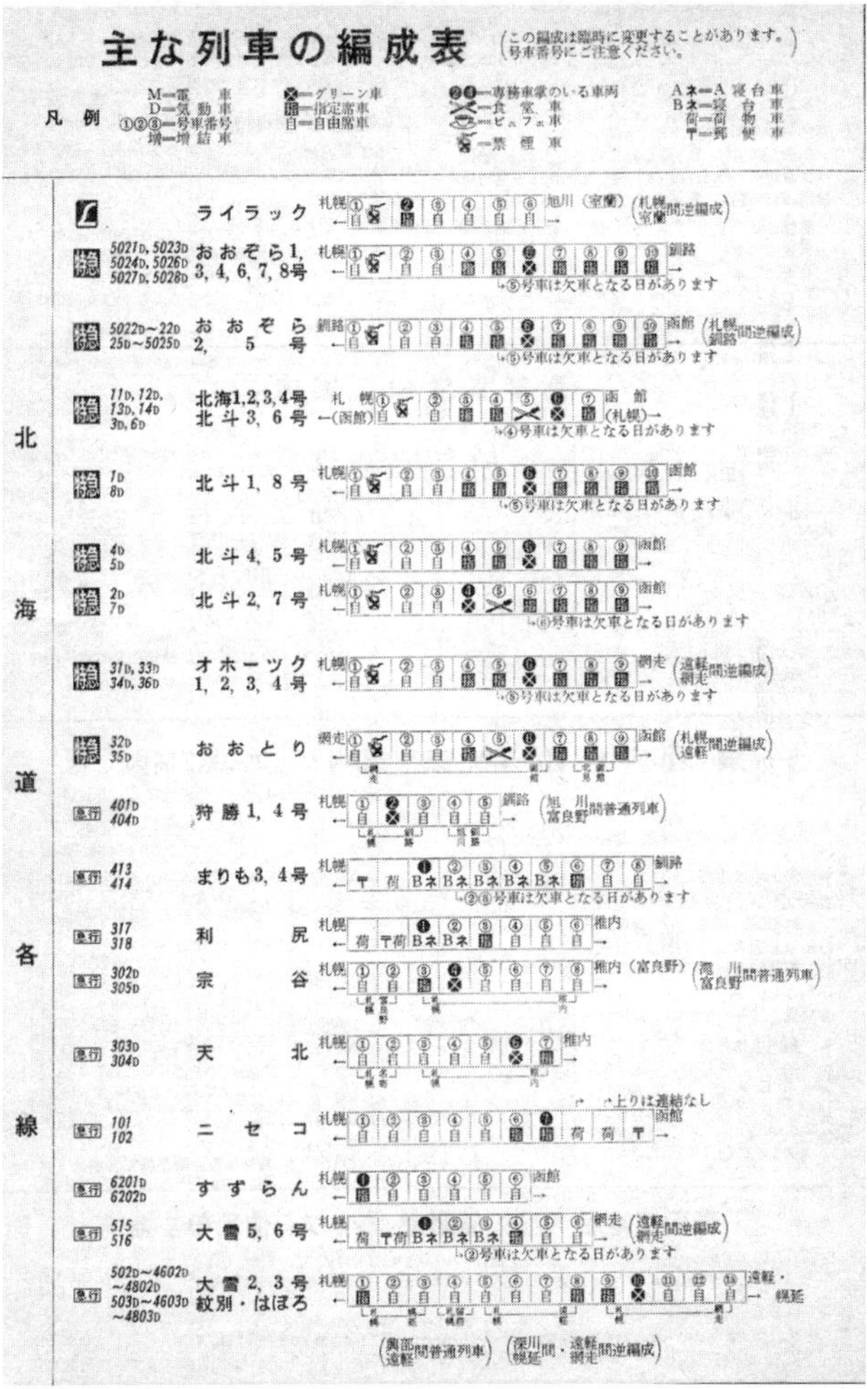

おわりに

東京〜札幌間では圧倒的に空路がシェアを占めるようになってから久しい昨今。空路は所要時間で大幅なアドバンテージがあるうえに、早期割引の普及やＬＣＣの台頭で価格競争でも大きくリードした結果、鉄路はいつのまにか高価で時間がかかる交通手段になってしまいました。それを逆手に取って「北斗星」や「カシオペア」のような豪華列車で鉄路ならではの旅がアピールされてきましたが、これらも北海道新幹線の開業と引替えに廃止となり、まさに時代は変ろうとしています。北海道新幹線が新函館北斗まで開業しても東京〜札幌間は7時間台で、3時間台の航空にはまだ遠くおよびません。シェアに大きな変動が現れるのは、札幌延伸が予定されている15年先のことになると思われます。

思えば、親のスネをかじっていた40年近く前は鉄路利用が最も安価でした。きら星のごとく走る夜行列車や、普通乗車券よりも安い周遊券がそれを象徴していたような気がします。そんな時代が再びやって来るとは思えませんが、北海道新幹線開業を機に自分の鉄道ライフを総決算する意味で、生まれ故郷の札幌と、学生・社会人時代を過ごした第二の故郷である東京を結ぶ旅の変遷を辿りました。

　本書で取り上げたもの以外でも書き記したい旅はありましたが、記憶が鮮明に残っているものとなると数えるほどしかなく、改めて克明に記録をとるべきであったと後悔しています。それでも、青函連絡船が運航されていた時代を懐かしむ世代はもちろんのこと、それを知らない若い世代にも興味を持っていただけますと幸いです。

　なお、本書の執筆にあたり貴重な資料をご提供いただいた三菱大夕張鉄道保存会の奥山道紀氏と交通アナリストの栗林伸幸氏、多数の写真をご提供いただいたライターの神谷武志氏、カメラマンの結解《けっけ》学氏、鈴木敏行氏、狩勝高原エコトロッコ鉄道の増田秀則氏に厚く御礼申し上げます。

　そして最後に、スネかじりのわがまま息子に気ままな旅をさせてくれた母にも。

2016年2月　佐藤正樹

主要参考文献・サイト（順不同）

鉄道ファン 各号（交友社）
鉄道ジャーナル 各号（鉄道ジャーナル社）
鉄道ピクトリアル 各号（電気車研究会）
鉄道ダイヤ情報 各号（弘済出版社）
道内時刻表 各号（弘済出版社）
国鉄監修交通公社の時刻表 各号（日本交通公社）
JTB時刻表 各号（JTB）
時刻表復刻版 各編（日本交通公社）
汽車時間表（北海道旅行案内社）
日本国有鉄道百年 写真史（日本国有鉄道）
時刻表でたどる鉄道史（JTB）
国鉄乗車券類大事典（JTB）
懐かしの時刻表（中央社）
日本鉄道史年表 国鉄・JR（グランプリ出版）
時刻表百年のあゆみ（成山堂書店）
時刻表昭和史（角川書店）
JR特急10年の歩み（弘済出版社）
列車名変遷大事典（ネコ・パブリッシング）
北海道気まぐれ列車（SiGnal）
創立40周年　弘済出版社小史（弘済出版社）
北海道新聞 各号（北海道新聞社）
北海道旅客鉄道株式会社からの鉄道の特別急行料金の上限設定認可申請について（国土交通省）
青函共用走行の検討状況について（国土交通省鉄道局）
北海道新幹線をめぐる政治過程と並行在来線問題（北海道教育大学　角一典）
JR北海道プレスリリース
北海道新幹線のページ（北海道）
http://www.pref.hokkaido.lg.jp/ss/skt/

■**写真提供**（敬称略）
神谷武志（P19・77・101）、結解学（P39）、鈴木敏行（P50）、
増田秀則（P58・70・86・98・124上）

■**資料提供**（敬称略）
奥山道紀（P248・249）、栗林伸幸（P205・206・250）

佐藤正樹（さとうまさき）
1960年札幌市生まれ。『鉄道ダイヤ情報』編集部を経て、1996年、郷里の札幌へ戻りフリーに。『鉄道ファン』『ジパング倶楽部』などの鉄道、旅行系雑誌や、読売オンライン、レスポンスといったウェブサイトに寄稿する傍ら、写真関連の個人事務所「キハユニ写真工房」を主宰。近著に『時代を駆けた名列車』（交通新聞社）がある。

交通新聞社新書089
東京～札幌 鉄タビ変遷記
青函連絡船から北海道新幹線へ
（定価はカバーに表示してあります）

2016年2月24日 第1刷発行

著 者――佐藤正樹
発行人――江頭 誠
発行所――株式会社 交通新聞社
http://www.kotsu.co.jp/
〒101-0062 東京都千代田区神田駿河台2-3-11
NBF御茶ノ水ビル
電話 東京（03）6831-6552（編集部）
東京（03）6831-6622（販売部）

印刷・製本―大日本印刷株式会社

ISBN 978-4-330-64016-7